THE LIFE AND WORDS
of CHRIST

LARGE PRINT
WORD SEARCH

WHITAKER
HOUSE

All Scripture quotations are taken from the *King James Easy Read Bible*, KJVER®, © 2001, 2007, 2010, 2015 by Whitaker House. Used by permission. All rights reserved.

The Life and Words of Christ Large Print Word Search
150 Puzzles to Inspire Your Faith

ISBN: 979-8-88769-103-9

Printed in Colombia

© 2024 by Whitaker House

Whitaker House
1030 Hunt Valley Circle
New Kensington, PA 15068
www.whitakerhouse.com

Library of Congress Control Number: 2023951868

1 2 3 4 5 6 7 8 9 10 11 🕮 31 30 29 28 27 26 25 24

THE BOY JESUS AMAZES THE SCHOLARS

Now His parents went to Jerusalem every year at the feast of the passover. And when He was twelve years old, they went up to Jerusalem after the custom of the feast. And when they had fulfilled the days, as they returned, the child Jesus tarried behind in Jerusalem; and Joseph and His mother knew not of it. But they, supposing Him to have been in the company, went a day's journey; and they sought Him among their kinsfolk and acquaintance. And when they found Him not, they turned back again to Jerusalem, seeking Him. And it came to pass, that after three days they found Him in the temple, sitting in the midst of the doctors, both hearing them, and asking them questions. And all that heard Him were astonished at His understanding and answers. And when they saw Him, they were amazed: and His mother said to Him, Son, why have You thus dealt with us? behold, Your father and I have sought You sorrowing. And He said to them, How is it that you sought Me? knew you not that I must be about My Father's business? And they understood not the saying which He spoke to them.

```
R J O U R N E Y J H Z C M P N V Q T Z A
N W O Y F B E H W M O B T T E B U O P N
K P U P Z Z L T Y J K L A U P U E I J S
P J L S C H O L A R S B R K D H S Q V W
  O F S O R R O W I N G Z R K N K T T U E
M P J E R U S A L E M D I I O D I W H R
G C W B G P Z K F P H O E N H P O E Y S
W O F T M A J O T T B Z D S X A N L H T
M M X E R R J T B C Y S O F B S S V I E
C P G M O E L V Y U J H C O V S P E E H
C A D P I N O X T S V N P L Q O M Y Q A
B N F L Y T C X I T F N I K M V O E T M
O Y C E C S P T W O L E O P Q E N A Z A
D J J T Q P J K Y M W I K M W R J R X Z
T A U N D E R S T A N D I N G M O S G E
U F A T H E R S B U S I N E S S S F Z D
T H F O K C I Y W R U E M X B I E Z Z O
Y W Q R Q G T F G Q R K B M F Y P O X E
G Z C U I H U T Q C A Z W A A J H N L E
D O C T O R S X A S T O N I S H E D I Q
```

PARENTS	TARRIED	TEMPLE	ANSWERS
JERUSALEM	JOSEPH	DOCTORS	ASTONISHED
PASSOVER	COMPANY	SCHOLARS	AMAZED
TWELVE YEARS	JOURNEY	QUESTIONS	SORROWING
CUSTOM	KINSFOLK	UNDERSTANDING	FATHER'S BUSINESS

2. MATTHEW 3:13–17 JOHN BAPTIZES JESUS

Then comes Jesus from Galilee to Jordan to John, to be baptized of him. But John forbad Him, saying, I have need to be baptized of You, and come You to me? And Jesus answering said to him, Allow *it to be so* now: for thus it becomes us to fulfill all righteousness. Then he allowed Him. And Jesus, when He was baptized, went up immediately out of the water: and, lo, the heavens were opened to Him, and he saw the Spirit of God descending like a dove, and lighting upon Him: And lo a voice from heaven, saying, This is My beloved Son, in whom I am well pleased.

JOHN

BAPTIZES

GALILEE

JORDAN

FULFILL

RIGHTEOUSNESS

HEAVENS

OPENED

SPIRIT OF GOD

DESCENDING

DOVE

LIGHTING

VOICE FROM HEAVEN

BELOVED SON

WELL PLEASED

```
L C S P L U F U L F I L L Q E H V R
L O W I W N M Z U W T D G K W J O I
Y R N D O R M A K R N L D Z J O I G
T V D E S C E N D I N G N I S R C H
J G H F A Q Z O L X J R T V P D E T
W E L L P L E A S E D Z P M I A F E
Q T K C J O H N J Q Q E K O R N R O
Q D J D O V E U G L B A X L I G O U
X C B K Y M Z W D I B R K G T A M S
H A M H C Q B B S V W M T N O L H N
J Y M T U L I G H T I N G X F I E E
N S Y F B Y K H W G M X J Z G L A S
H I H E A V E N S I Z P Z J O E V S
G Y S O R T L P Y O P W Q R D E E T
J W B E L O V E D S O N L M F D N M
O P J S I N D R L O Z L X K U V M Y
P M D T I Q L N H A E O P E N E D M
Z K N T B A P T I Z E S R R W S I W
```

3. MATTHEW 4:1–11 SATAN TEMPTS JESUS

Then was Jesus led up of the Spirit into the wilderness to be tempted of the devil. And when He had fasted forty days and forty nights, He was afterward hungry. And when the tempter came to Him, he said, If You be the Son of God, command that these stones be made bread. But He answered and said, It is written, Man shall not live by bread alone, but by every word that proceeds out of the mouth of God. Then the devil takes Him up into the holy city, and sets Him on a pinnacle of the temple, *a* highest part And says to Him, If You be the Son of God, cast Yourself down: for it is written, He shall give His angels charge concerning You: and in *their* hands they shall bear You up, lest at any time You dash Your foot against a stone. Jesus said to him, It is written again, You shall not tempt the Lord your God. Again, the devil takes Him up into an exceeding high mountain, and shows Him all the kingdoms of the world, and the glory of them; And says to Him, All these things will I give You, if You will fall down and worship me. Then says Jesus to him, Get you from here, Satan: for it is written, You shall worship the Lord your God, and Him only shall you serve. Then the devil leaves Him, and, behold, angels came and ministered to Him.

```
M M I Y G H P Z F K Q H R L M Q I E D V
B B B T K T J V O R J O Y Q O F C N A P
A R S N E U S Q Y U W L K H E I D I Y I
H C E Q M M G Q Z S I Y B I X B K C S H
I L V A L M P E Y T L C K M F C I C A H
T I O T D B N T N V D I C O B O N R N Z
X F H E I R N J E B E T S N Q M G B D V
B P V M K M Q M Z D R Y E L Y M D P N U
E Y G P D E A C B L N A R Y A A O W I S
M I Y T N V E O R Z E M V L E N M J G T
F E F E U P Z L U P S A E Q Z D S U H O
R O M R L V O B K X S X M C H C G T T N
A N G E L S C H A R G E W Z M Z K W S E
F X Y U Q D D E F H U N G R Y O P L O S
Q A P G X B G L F J S K W O R S H I P X
F I S N N Y I M S O N O F G O D T C R I
M O U T H O F G O D C M R Z Y P O J F P
A M T A E O F W T B P I N N A C L E O C
F O R T Y D W T R Z A W M J F D K H Q S
M N T C I E V E R Y W O R D P P P D U I I
```

WILDERNESS
TEMPTED
FASTED
FORTY
DAYS AND NIGHTS
HUNGRY
HOLY CITY   TEMPTER
PINNACLE   SON OF GOD
KINGDOMS   COMMAND
WORSHIP   STONES
HIM ONLY   ANGELS CHARGE
SERVE   EVERY WORD
BREAD   MOUTH OF GOD

4. MARK 1:14-20 JESUS BEGINS HIS GALILEAN MINISTRY

Now after that John was put in prison, Jesus came into Galilee, preaching the gospel of the kingdom of God, And saying, The time is fulfilled, and the kingdom of God is at hand: repent you, and believe the gospel.

Now as He walked by the sea of Galilee, He saw Simon and Andrew his brother casting a net into the sea: for they were fishers. And Jesus said to them, Come you after Me, and I will make you to become fishers of men.

And immediately they forsook their nets, and followed Him. And when He had gone a little farther from there, He saw James the son of Zebedee, and John his brother, who also were in the ship mending their nets. And immediately He called them: and they left their father Zebedee in the ship with the hired servants, and went after Him.

GALILEE	E E E M S S V M P X X Y X E B Y C K
MINISTRY	S G R E A T L I G H T V R L F F Q I
GOSPEL	G V W J G G Z N N Y O N W M Z C R N
KINGDOM OF GOD	K Z I D K I L I C D R X B V G V C G
	L G I J F I W S C A E X Z M A W A D
FULFILLED	W E Q A U I P T E R W P P L D P O
AT HAND	P G X C W C Q R Q Z R F H K I A E M
REPENT	N E Z A F X R Y T A E Z N K L R R O
BELIEVE	R N N B E L I E V E P C F P E K N F
NAZARETH	A T H A N D G O S P E L U Y E N A G
CAPERNAUM	G I H R H C K J T Q N X L V H E U O
	U L D R K M N R N V T T F H U S M D
JORDAN	Y E A X I K P S U E F E I S Y S H Z
WAY OF THE SEA	F S M L T I V K H D T P L R X B W U
GENTILES	W A Y O F T H E S E A Y L O I P B F
DARKNESS	G H O P W Z E A P M X T E U W R Y Z
GREAT LIGHT	S Q R Q I F C Z V Y G A D Z H R L M
	I Y J O R D A N N A Z A R E T H Q W

5. LUKE 5:1–11 FOUR FISHERMEN CALLED AS DISCIPLES

And it came to pass, that, as the people pressed upon Him to hear the word of God, He stood by the lake of Gennesaret, And saw two ships standing by the lake: but the fishermen were gone out of them, and were washing *their* nets. And He entered into one of the ships, which was Simon's, and prayed him that he would thrust out a little from the land. And He sat down, and taught the people out of the ship. Now when He had left speaking, He said to Simon, Launch out into the deep, and let down your nets for a draught. And Simon answering said to Him, Master, we have toiled all the night, and have taken nothing: nevertheless at Your word I will let down the net. And when they had this done, they enclosed a great multitude of fishes: and their net broke. And they beckoned to *their* partners, which were in the other ship, that they should come and help them. And they came, and filled both the ships, so that they began to sink. When Simon Peter saw *it*, he fell down at Jesus' knees, saying, Depart from me; for I am a sinful man, O Lord. For he was astonished, and all that were with him, at the draught of the fishes which they had taken: And so *was* also James, and John, the sons of Zebedee, which were partners with Simon. And Jesus said to Simon, Fear not; from hereafter you shall catch men. And when they had brought their ships to land, they forsook all, and followed Him.

```
S Q F O R S O O K A L L M I F I C O V T
Z G N R W Q D O Q R H W N Y I G D J O A
E M K T R U O U H H N D H M S N R G A U
K N M U L T I T U D E L I Z H V A M O G
V Y O U R N E T S D E O B Y E H U B R H
I S M Q L A U N C H E Q G A R Y G X K T
B S I B J P F I Q C I P V R M W H X G S
I P W M G T U N Z N E F A G A D T L I I
W X S I O R E P S I O L J R N H O E K A
G N J U B N J Z F I K H O I T M F T D Q
V O I O C Y O C C Y C U H B Y J F D J R
Y V B F O L L O W E D D N V O X I O A H
T O E X Q H A C A T C H M E N F S W M A
H M D I S C I P L E S O L Q A F H N E B
E U J R V S R K Q Q S Z J E F S T D S Y
D W S O E Q G V O U U L F E A R N O T A
E W P F R W O R D O F G O D C D X Z H F
E S F Y B S S B S Z N H Y K I P F Y T H
P A R T N E R S A S T O N I S H E D O Y
B H Q F O M E A E Y J C G R P W N O A T
```

	FISHERMAN
	DISCIPLES
DRAUGHT OF FISH	WORD OF GOD
JAMES	SIMON
JOHN	TAUGHT
PARTNERS	LAUNCH
FEAR NOT	THE DEEP
CATCH MEN	LET DOWN
FORSOOK ALL	YOUR NETS
FOLLOWED	MULTITUDE
	DEPART
	ASTONISHED

Again the next day after John stood, and two of his disciples; And looking upon Jesus as He walked, he said, Behold the Lamb of God! And the two disciples heard him speak, and they followed Jesus. Then Jesus turned, and saw them following, and said to them, What seek you? They said to Him, Rabbi, (which is to say, being interpreted, Master,) where dwell You? He said to them, Come and see. They came and saw where He dwelt, and abode with Him that day: for it was about the tenth hour. One of the two which heard John *speak,* and followed *Him,* was Andrew, Simon Peter's brother. He first found his own brother Simon, and said to him, We have found the Messiah, which is, being interpreted, the Christ. And he brought him to Jesus. And when Jesus beheld him, He said, You are Simon the son of Jona: you shall be called Cephas, which is by interpretation, A stone. The day following Jesus would go forth into Galilee, and found Philip, and said to him, Follow Me. Now Philip was of Bethsaida, the city of Andrew and Peter. Philip found Nathanael, and said to him, We have found Him, of whom Moses in the law, and the prophets, did write, Jesus of Nazareth, the son of Joseph. And Nathanael said to him, Can there any good thing come out of Nazareth? Philip said to him, Come and see. Jesus saw Nathanael coming to Him, and said of him, Behold an Israelite indeed, in whom is no guile! Nathanael said to Him, From where know You me? Jesus answered and said to him, Before that Philip called you, when you were under the fig tree, I saw you. Nathanael answered and says to Him, Rabbi, You are the Son of God; You are the King of Israel. Jesus answered and said to him, Because I said to you, I saw you under the fig tree, believe you? you shall see greater things than these. And He said to him, Verily, verily, I say to you, Hereafter you shall see heaven open, and the angels of God ascending and descending upon the Son of Man.

```
L I O J G A G G M S U V M S H S O Z T W
L A M B O F G O D C V C O Q K X M G R O
O C L N S X Z S I O Z X S X K X J R C U
T O W Z B I O F K L B P E F T T R E J O
B M T U F K O A L Y E R S M L S G A O I
S E N K K G U N J A N N E D Z O T T B K
P A A O I G U G D I T Q G I Z N D E E I
Y N Z E J T E E Q A P G S E R O F R H N
L D A Y M H T L J P O C Y N A F V T O G
O S R X E E W S A H B H A B B G U H L O
Y E E O S L D W O J S U S I B O T I D F
S E T N S A M J A S F H T F I D P N O I
N L H N I W X J I B Q Z O F J V K G K S
K U Z M A S T E R A N R N I M O U S S R
F A Y O H M L N H G N J E G D A K P I A
O S E E K O C C L K T L I T C T K Q H E
F C E P H A S W X X N F R E I C M X L
K T E N T H H O U R Q Q V E R I L Y N E
V G B E Y S B H Q H L D X E U B D F F Z
X N S H G X P Q V U T H E C H R I S T H
```

BEHOLD	COME AND SEE	A STONE	SON OF GOD
LAMB OF GOD	TENTH HOUR	MOSES	KING OF ISRAEL
SEEK	MESSIAH	THE LAW	GREATER THINGS
RABBI	THE CHRIST	NAZARETH	VERILY
MASTER	CEPHAS	FIG TREE	ANGELS

And the third day there was a marriage in Cana of Galilee; and the mother of Jesus was there: And both Jesus was called, and His disciples, to the marriage. And when they wanted wine, the mother of Jesus said to Him, They have no wine. Jesus said to her, Woman, what have I to do with you? My hour is not yet come. His mother said to the servants, Whatsoever He says to you, do *it*. And there were set there six water-pots of stone, after the manner of the purifying of the Jews, containing two or three firkins apiece. Jesus said to them, Fill the water-pots with water. And they filled them up to the brim. And He said to them, Draw out now, and bear to the governor of the feast. And they bore *it*. When the ruler of the feast had tasted the water that was made wine, and knew not where it was: (but the servants which drew the water knew;) the governor of the feast called the bridegroom, And said to him, Every man at the beginning does set forth good wine; and when men have well drunk, then that which is worse: *but* you have kept the good wine until now. This beginning of miracles did Jesus in Cana of Galilee, and manifested forth His glory; and His disciples believed on Him. After this He went down to Capernaum, He, and His mother, and His brethren, and His disciples: and they continued there not many days.

```
E V E C D R D G S Q T V P N X B T G
Q K C Q A Y W H L D E S M O Q N T O
H G R R U Q Z G O D D X W T P R B V
M S D B A Y O H W L P O M Y N A Z E
P X X P D B E O F I F J R E T J W R
A D W Y C V Y U L J B W Q T D Y A N
X M X M M B I R V D B W W C V N T O
F B T L A Y K U T G G L I O M P E R
J M Q O C N Z X L L D V N M D S R M
D U C M W U I Z A O E H E E A D P I
S F W A T E R F H R F I F U E X O R
T H I R D D A Y E Y N X C G I F T A
I M A R R I A G E S R F Q M W D G C
G G V Q M T V M M X T H A M V I L L
Y I T R W G P T H E F E A S T K W E
B L Y E H T H E N Z N A D I P B X F
X T V U O K H H A C G A L I L E E U
B R I D E G R O O M P C A N A W C V
```

THE FEAST	WATER
BRIDEGROOM	WINE
MIRACLE	THIRD DAY
MANIFESTED	MARRIAGE
GLORY	CANA
	GALILEE
	HOUR
	NOT YET COME
	WATERPOT
	GOVERNOR

8. MARK 1:21–28 JESUS CASTS OUT AN UNCLEAN SPIRIT

And they went into Capernaum; and immediately on the sabbath day He entered into the synagogue, and taught. And they were astonished at His doctrine: for he taught them as one that had authority, and not as the scribes. And there was in their synagogue a man with an unclean spirit; and he cried out, Saying, Let *us* alone; what have we to do with You, You Jesus of Nazareth? are You come to destroy us? I know You who You are, the Holy One of God. And Jesus rebuked him, saying, Hold your peace, and come out of him. And when the unclean spirit had torn him, and cried with a loud voice, he came out of him. And they were all amazed, insomuch that they questioned among themselves, saying, What thing is this? what new doctrine *is* this? for with authority commands He even the unclean spirits, and they do obey Him. And immediately His fame spread abroad throughout all the region round about Galilee.

MARK 1:29–31 PETER'S MOTHER-IN-LAW HEALED

And forthwith, when they were come out of the synagogue, they entered into the house of Simon and Andrew, with James and John. But Simon's wife's mother lay sick of a fever, and anon they tell Him of her. And He came and took her by the hand, and lifted her up; and immediately the fever left her, and she ministered to them.

CAST OUT

UNCLEAN SPIRIT

SYNAGOGUE

DOCTRINE

AUTHORITY

HOLD YOUR PEACE

LOUD VOICE

COMMANDS

FAME

MOTHER-IN-LAW

FEVER

LIFTED UP

```
T T M U N N K D K E G D E G C
F H N N R G J L U H T O P A O
S E O C V T Y I Q T Y C L U M
V Y V L L U X F V D F T A T M
G N N E D X S T I G J R R H A
D T F A R Y O E A U D I G O N
Y L T N G C O D Y V A N T R D
P V R S N O B U L G W E X I S
C T W P S E G P R F A M E T G
V V O I Z J S U B P S W N Y L
C W Y R L O T Q E I E G B G Q
Q A M I C A S T O U T A G T S
P D N T J K P Z P W L R C P A
L O U D V O I C E M N F Q E P
F M O T H E R I N L A W W P W
```

9. MARK 1:35–39 PREACHING IN GALILEE

And in the morning, rising up a great while before day, He went out, and departed into a solitary place, and there prayed. And Simon and they that were with Him followed after Him. And when they had found Him, they said to Him, All *men* seek for You. And He said to them, Let us go into the next towns, that I may preach there also: for therefore came I forth. And He preached in their synagogues throughout all Galilee, and cast out devils.

MATTHEW 4:23–25 JESUS HEALS A GREAT MULTITUDE

And Jesus went about all Galilee, teaching in their synagogues, and preaching the gospel of the kingdom, and healing all manner of sickness and all manner of disease among the people. And His fame went throughout all Syria: and they brought to Him all sick people that were taken with divers diseases and torments, and those which were possessed with devils, and those which were lunatic, and those that had the palsy; and He healed them. And there followed Him great multitudes of people from Galilee, and *from* Decapolis, and *from* Jerusalem, and *from* Judaea, and *from* beyond Jordan.

```
W H A Y C A J R Z Y U F L N E          MORNING
E E C E Q U B D T Y Z O U C B          BEFORE DAY
A A S O L I T A R Y I L V A O          SOLITARY
P L T G D T B B S N T L R M L          PRAYER
M E M N L I K I N G D O M E I          FOLLOWED
H D L A I G T D L N B W D F H          SEEK
T T Q U N V O P O C S E I O P          CAME FORTH
F H T I M N L S W D P D S R T          GOSPEL
R E T Z D R E J P J B I E T O          KINGDOM
I M P B B G F R T E E S A H R          MANNER
M B E F O R E D A Y L E S H M          SICKNESS
A S I C K N E S S F R E E C E          DISEASE
M O R N I N G V Y A I K Y L N          TORMENT
U Q F E F X Q Q L W P X B Y T          HEALED THEM
L M X W A P R A Y E R D T X J
```

13

And seeing the multitudes, He went up into a mountain: and when He was set, His disciples came to Him: And He opened His mouth, and taught them, saying, Blessed *are* the poor in spirit: for theirs is the kingdom of heaven. Blessed *are* they that mourn: for they shall be comforted. Blessed *are* the meek: for they shall inherit the earth. Blessed *are* they which do hunger and thirst after righteousness: for they shall be filled. Blessed *are* the merciful: for they shall obtain mercy. Blessed *are* the pure in heart: for they shall see God. Blessed *are* the peacemakers: for they shall be called the children of God. Blessed *are* they which are persecuted for righteousness' sake: for theirs is the kingdom of heaven. Blessed *are* you, when *men* shall revile you, and persecute *you*, and shall say all manner of evil against you falsely, for My sake. Rejoice, and be exceeding glad: for great *is* your reward in heaven: for so persecuted they the prophets which were before you.

BEATITUDE		Z M F X K X B P R O M O B L E S S E D D
BLESSED		R H Q X C E U P P K Y N B J J A C K I G
POOR IN SPIRIT		P E U J V Y L W N V S X S T H U F T N C
KINGDOM OF HEAVEN		U E X N O C L N X T A B O A A N N H H H
THOSE THAT MOURN		Q D R C G B P X M J K J X W A I K W E I
COMFORTED		U C N S E E V E M E E G Z Z W V N W R L
MEEK		C B U V E E R G A E E G A G T L L P I D
INHERIT THE EARTH		A Q F F C C D A C C R K G V I C H U T R
HUNGER AND THIRST		F I L L E D U I N O E C N A E H Q R T E
RIGHTEOUSNESS		R M X A E H M T N D M M I Q P Z Z E H N
FILLED		B E A T I T U D E G T F A F K Y G I E O
MERCIFUL		J W F O E K T T L D G H O K U S R N E F
OBTAIN		G S J Q D R E W A R D L I R E L G H A G
PURE IN HEART		X Q U S J L L F J F W W A R T R W E R O
PEACEMAKER		K G T O T B Y A E S Y G G D S E X A T D
CHILDREN OF GOD		B X O A P O O R I N S P I R I T D R H Z
PERSECUTED		O N T R I G H T E O U S N E S S R T V O
MY SAKE		Q T H O S E T H A T M O U R N M W A F B
EXCEEDING GLAD		V A B K I N G D O M O F H E A V E N I A
REWARD		O L X A E Q S H X Q P E Z V X K A N L Y

11. MATTHEW 5:13–16 BELIEVERS ARE SALT AND LIGHT

You are the salt of the earth: but if the salt have lost its savor, wherewith shall it be salted? it is therefore good for nothing, but to be cast out, and to be trodden under foot of men. You are the light of the world. A city that is set on a hill cannot be hidden. Neither do men light a candle, and put it under a bushel, but on a candlestick; and it gives light to all that are in the house. Let your light so shine before men, that they may see your good works, and glorify your Father which is in heaven.

MARK 9:49–50 TASTELESS SALT IS WORTHLESS

For every one shall be salted with fire, and every sacrifice shall be salted with salt. Salt *is* good: but if the salt have lost its saltness, wherewith will you season it? Have salt in yourselves, and have peace one with another.

```
A R S A L T O F T H E E A R T H S D
H D G O O D F O R N O T H I N G L Y
T D L Y E S I S B X T S R D C P I Z
Z J B S E P Y P E X E U A Q F Z G N
W B U S H E L B H A O Z L V A M H H
J E G J X E T K N I S M M Y O Y T S
O N E A N O T H E R D O T V F R O A
B E F O R E M E N X N D N Z N Q F C
F A T H E R I N H E A V E N K R T R
D K W Y T T R O D D E N A N A Y H I
C A N D L E S T I C K P Z O P X E F
R K Z C I L E A X T A R C E I I W I
K E E Q L R E R L A X N E W U I O C
C I T Y O N A H I L L I D R B C R E
A K A Z H J S A B V A Y U L M Z L A
G O O D W O R K S G R Q U N E Q D Y
P R A I S E F S V T P M X O Z G I T
S K U W B J J R Z S P E A C E F Z A
```

SALT OF THE EARTH

SAVOR

GOOD FOR NOTHING

TRODDEN

LIGHT OF THE WORLD

CITY ON A HILL

HIDDEN

CANDLE

BUSHEL

CANDLESTICK

BEFORE MEN

GOOD WORKS

PRAISE

FATHER IN HEAVEN

SACRIFICE

SEASON

PEACE

ONE ANOTHER

Think not that I am come to destroy the law, or the prophets: I am not come to destroy, but to fulfill. For verily I say to you, Till heaven and earth pass, one jot or one tittle shall in no wise pass from the law, till all be fulfilled. Whosoever therefore shall break one of these least commandments, and shall teach men so, he shall be called the least in the kingdom of heaven: but whosoever shall do and teach *them*, the same shall be called great in the kingdom of heaven. For I say to you, That except your righteousness shall exceed *the righteousness* of the scribes and Pharisees, you shall in no case enter into the kingdom of heaven.

```
L D K J G V F G C B L G M V L C H V S L
P T W I O T I C M R K N T C Z S W F S E
T W O S N T T E J E O E E Y W G T T R A
P T A W E G O M Y A K J N F O Q H V I S
V A H I P L D R Z K G B T A H X E K G T
W P O K E A V O T I Q R E R X B P C H O
T J Y P U L S G M I S M R L I B R O T C
P I E N Q C Y S P O T Y I I W F O M E T
R J H C T J W L U H F T N K U B P M O P
Q B E K Z C E C T A A H L A X U H A U D
Q T T O F U L F I L L R E E L K E N S H
F F S W H K F R N L X E I A Y A T D N E
V T N W Y R Z W I D K D A S V F S M E A
B A L A T H E L A W C M W R E E F E S V
A J V Q F N U G A T A A R O T E N N S E
K B V N O T T O D E S T R O Y H S T N N
E X D O A N D T E A C H U D R D C W T M
B F E W N F J I H D F S C R I B E S H D
K D F B Y T Z N X T P I F E P E K I N O
A R S W N T H C O J G R E A T Q U N F E
```

NOT TO DESTROY

THE LAW

THE PROPHETS

TO FULFILL

HEAVEN

EARTH

PASS

JOT OR TITTLE

BREAK

COMMANDMENT

LEAST

DO AND TEACH

GREAT

KINGDOM OF HEAVEN

RIGHTEOUSNESS

SCRIBES

PHARISEES

ENTER IN

You have heard that it was said by them of old time, You shall not kill; and whosoever shall kill shall be in danger of the judgment. But I say to you, That whosoever is angry with his brother without a cause shall be in danger of the judgment: and whosoever shall say to his brother, Raca, shall be in danger of the council: but whosoever shall say, You fool, shall be in danger of hell fire. Therefore if you bring your gift to the altar, and there remember that your brother has anything against you; Leave there your gift before the altar, and go your way; first be reconciled to your brother, and then come and offer your gift. Agree with your adversary quickly, while you are in the way with him; lest at any time the adversary deliver you to the judge, and the judge deliver you to the officer, and you be cast into prison. Verily I say to you, you shall by no means come out of there, till you have paid the uttermost farthing.

```
Q W F N P I M U V W V O Y A P D X Z Q I
F W Q R E C O N C I L E O Z D R P W G L
L I U W I I R A Q T A B Y Y K E L A F H
G N T H A Q A N S H H O R W V U Q R X X
Q T T F G W S G D O P L Y O X J M A S H
J H E N A L L R A U D E O N T V W C M E
O E R O D B R Y S T I Z U C Z H G A G L
C H M T J S W O V C L S S M W A E B V L
V E O K V S S M L A A E H D E F Y R O F
J A S I P W V P M U L S A J L X O U O I
K R T L K V S D S S H P L Y P X U Q L R
N T H L P B E U V E Z H L X I G F L D E
H E A R D I T S A I D K E M T Y O M T J
A L T A R T D V B O X M S F V N O U I J
X A G A I N S T Y O U I B G L X L R M A
M B P U Y T Q G J U D G M E N T S D E K
B R I N G Y O U R G I F T B Q J K E O I
D A N G E R Z Y X Z Y O J U D G E R E J
U T Q J Q F G H N T J X X S Q Y Y T D A
V X S W K L P N E Z B T Y W Y R S N G R
```

MURDER

IN THE HEART

HEARD IT SAID

OLD TIME

YOU SHALL

NOT KILL

DANGER

JUDGMENT

ANGRY

BROTHER

WITHOUT CAUSE

RACA

YOU FOOL

HELLFIRE

BRING YOUR GIFT

ALTAR

RECONCILE

AGAINST YOU

JUDGE

UTTERMOST

14. MATTHEW 5:27–30 ADULTERY IN THE HEART

You have heard that it was said by them of old time, You shall not commit adultery. But I say to you, That whosoever looks on a woman to lust after her has committed adultery with her already in his heart. And if your right eye offend you, pluck it out, and cast *it* from you: for it is profitable for you that one of your members should perish, and not *that* your whole body should be cast into hell. And if your right hand offend you, cut it off, and cast *it* from you: for it is profitable for you that one of your members should perish, and not *that* your whole body should be cast into hell.

MATTHEW 5:31–32 MARRIAGE IS SACRED AND BINDING

It has been said, Whosoever shall put away his wife, let him give her a writing of divorcement: But I say to you, That whosoever shall put away his wife, saving for the cause of fornication, causes her to commit adultery: and whosoever shall marry her that is divorced commits adultery.

```
P  B  F  D  B  B  V  N  R  P  F  B  F  P  B
L  V  W  I  F  K  A  I  I  E  G  X  O  R  A
U  H  E  V  M  I  A  N  G  R  M  Y  O  O  J
C  S  O  O  O  S  D  G  H  I  N  X  P  F  U
K  I  A  R  F  B  U  M  T  S  F  P  V  I  W
O  W  R  C  F  J  L  D  E  H  F  U  H  T  H
U  M  P  E  E  Y  T  L  Y  A  T  T  V  A  O
T  A  F  T  N  T  E  T  E  T  D  A  X  B  L
I  W  S  B  D  I  R  N  O  O  R  W  F  L  E
S  Q  W  G  S  Y  Y  T  N  L  J  A  O  E  B
R  I  G  H  T  H  A  N  D  C  U  Y  B  N  O
A  D  M  M  A  R  R  Y  C  W  T  S  W  R  D
H  I  U  L  G  M  E  M  B  E  R  M  T  N  Y
I  N  H  I  S  H  E  A  R  T  F  N  J  B  O
Y  H  H  L  O  O  K  S  O  N  V  X  W  T  D
```

ADULTERY
LOOKS ON
TO LUST
IN HIS HEART
RIGHT EYE
OFFEND
PLUCK OUT
PROFITABLE
MEMBER
PERISH
WHOLE BODY
RIGHT HAND
MARRY
DIVORCE
PUT AWAY

Jesus went to the mount of Olives. And early in the morning He came again into the temple, and all the people came to Him; and He sat down, and taught them. And the scribes and Pharisees brought to Him a woman taken in adultery; and when they had set her in the midst, They say to Him, Master, this woman was taken in adultery, in the very act. Now Moses in the law commanded us, that such should be stoned: but what say You? This they said, tempting Him, that they might have to accuse Him. But Jesus stooped down, and with *His* finger wrote on the ground, *as though he heard them not.* So when they continued asking Him, He lifted up Himself, and said to them, He that is without sin among you, let him first cast a stone at her. And again He stooped down, and wrote on the ground. And they which heard *it,* being convicted by *their own* conscience, went out one by one, beginning at the eldest, *even* to the last: and Jesus was left alone, and the woman standing in the midst. When Jesus had lifted up Himself, and saw none but the woman, He said to her, Woman, where are those your accusers? has no man condemned you? She said, No man, Lord. And Jesus said to her, Neither do I condemn you: go, and sin no more. Then spoke Jesus again to them, saying, I am the light of the world: he that follows Me shall not walk in darkness, but shall have the light of life.

```
P G K D W H S O N T H E G R O U N D R W
G F P T I I U J W A B J Y C J M F C M O
G G G P T K T P V U K E O D R H I J O M
B Q C X Q H U H F O L L O W M E N J U A
C O C A S T W C O O W J D U U G Z N N
M O K F V D G S A U A U Q Q W K E M T W
D A N R W Y D T X E T Q H R Z M R Z O H
N X T S Q P Q N C H R S B H F Q L Y F O
K L H R C K R C P I C Z I Z D S I U O C
Z P E A S I N N O M O R E N B M G U L Z
F Q F O P C E N M Z N M M G L O H S I S
Z G I I H Y P N Q E V F V X H S O T V T
O J R Z N A K T C B I W Q U K E F O E O
X Y S P B R B C A E C Q I U X S L N S N
A Q T Q M G O N U Z T N F I A B I E S E
B L I G H T O F T H E W O R L D F F J D
V U E D A W R I T E D R V B P D E G D X
W O T X Z C S T O O P E D A Z N U Z Y H
V D U A D U L T E R E S S Y F J V O W S
G I W S I C O M M A N D E D I J C K B F
```

MOUNT OF OLIVES	WOMAN	ADULTERESS	MOSES	COMMANDED
STONED	FINGER	WRITE	ON THE GROUND	WITHOUT SIN
CAST	THE FIRST	STONE	STOOPED	CONVICTED
CONSCIENCE	SIN NO MORE	LIGHT OF THE WORLD	FOLLOW ME	LIGHT OF LIFE

16. MATTHEW 5:33–37 JESUS FORBIDS OATHS

Again, you have heard that it has been said by them of old time, you shall not forswear yourself, but shall perform to the Lord your oaths: But I say to you, Swear not at all; neither by heaven; for it is God's throne: Nor by the earth; for it is His footstool: neither by Jerusalem; for it is the city of the great King. Neither shall you swear by your head, because you can not make one hair white or black. But let your communication be, Yea, yea; Nay, nay: for whatsoever is more than these comes of evil.

```
W H I T E O R B L A C K E G I
H Q P S X I R E Q U O Y A R O
E A Y W K T M P E B A G R E C
A E E E B Z G E Y M T O T A F
D H E A V E N R E G H D H T B
M Z Y R W P D F A D S S V K H
Y W Z N U M I O Y B Z T X I J
Q I Q O P G X R E W L H C N K
R S G T L H O M A Y Q R N G I
T F O O T S T O O L E O F V S
E X U N A Y N A Y W F N E S P
F Z W R D R F O R S W E A R Y
E C O M M U N I C A T I O N B
Y N G T O T H E L O R D D I P
J E R U S A L E M Y M O M W X
```

OATHS

FORSWEAR

PERFORM

TO THE LORD

SWEAR NOT

HEAVEN

GOD'S THRONE

EARTH

FOOTSTOOL

JERUSALEM

GREAT KING

HEAD

WHITE OR BLACK

COMMUNICATION

YEA, YEA

NAY, NAY

17. MATTHEW 5:38–42 GO THE SECOND MILE

Y ou have heard that it has been said, An eye for an eye, and a tooth for a tooth: But I say to you, That you resist not evil: but whosoever shall smite you on your right cheek, turn to him the other also. And if any man will sue you at the law, and take away your coat, let him have *your* cloak also. And whosoever shall compel you to go a mile, go with him two. Give to him that asks you, and from him that would borrow of you turn not you away.

EYE
TOOTH
RESIST
EVIL
SMITE
RIGHT CHEEK
TURN
SUE
COAT
CLOAK
COMPEL
MILE
TWO
BORROW
TURN AWAY

```
O H Z V U X F K V F N T E K G
C B C L O A K W T W O O E I S
G O B R I Q R A E Y T O S R U
O R P Q J W V Y P Y Z T N I E
L R A Z O G V Y C Y I H G G W
T O T M M B S Z K J E K R H S
L W A I V Z E V I L W S O T Q
D S N L Q D G N U I Q A L C O
C V C E Q C R E S I S T S H S
O D Y L J O Z F D H C W M E T
M G L Z A A D S F Y E C I E U
P S V U P T M S Q E U V T K R
E W U B X L Z S Q E D T E Y N
L O T U R N A W A Y F P E N A
Q E Y E M Y O X O L C U E O G
```

You have heard that it has been said, you shall love your neighbor, and hate your enemy. But I say to you, Love your enemies, bless them that curse you, do good to them that hate you, and pray for them which spitefully use you, and persecute you; That you may be the children of your Father which is in heaven: for He makes His sun to rise on the evil and on the good, and sends rain on the just and on the unjust. For if you love them which love you, what reward have you? do not even the publicans the same? And if you salute your brethren only, what do you more *than others?* do not even the publicans so? Be you therefore perfect, even as your Father which is in heaven is perfect.

```
K F D D L X L T H B P P W Q X G X V A L
U M I J O W H H C E Y B E S G C H A I P
H S J M L G F J H P O L J M P U A E N P
I A P I G O O M I E U E A H C R W Y H Z
R B T J E M B O L R R S N C V N A P E G
T U C E N H R I D F F S Z V G M L Y A J
G J B G E V R J R E A T I G S K E Q V U
K T T I M H U L E C T H T Z E K C U E M
L M Y K Y L N J N T H E W U N M T Z N E
D B R E T H R E N W E M Q V D Z M P X F
Y T W T Z T P P A Q R A I S S H C U S E
Y R C C F S S Y W F S D C Y R R U B Z C
L S U N T O R I S E W M G U A S F L X U
Y E K Z Q R H Z S U G L Q N I A X I Y R
J U S T A N D U N J U S T P N N Q C N S
N N E I G H B O R J W Y T Y O U I A C E
C N Y X W M H Y N U U R X W T C A N C Y
R B Q X X N S P I T E F U L L Y U S E O
K B O L L O V E P E R S E C U T E J B U
Z I E V I L A N D G O O D E R S K Q L R
```

LOVE
NEIGHBOR
HATE
ENEMY
BLESS THEM
CURSE YOU
DO GOOD
PRAY
SPITEFULLY USE
PERSECUTE
CHILDREN
YOUR FATHER
IN HEAVEN
SUN TO RISE
EVIL AND GOOD
SENDS RAIN
JUST AND UNJUST
PUBLICANS
BRETHREN
BE PERFECT

Take heed that you do not your alms before men, to be seen of them: otherwise you have no reward of your Father which is in heaven. Therefore when you do *your* alms, do not sound a trumpet before you, as the hypocrites do in the synagogues and in the streets, that they may have glory of men. Verily I say to you, They have their reward. But when you do alms, let not your left hand know what your right hand does: Father which sees in secret Himself shall reward you openly.

TAKE HEED

DO ALMS

BEFORE MEN

TO BE SEEN

REWARD

IN HEAVEN

SOUND

TRUMPET

HYPOCRITE

SYNAGOGUE

STREET

GLORY OF MEN

LEFT

RIGHT

HAND

WHICH SEES

SECRET

OPENLY

```
L O H D D I I L R J F F D K W U T S
T E S R Z N E P E N O X H Z L U T T
U W F C S H W C W C Y W Y X O Y O R
D K P T I E N O A H M X P P F K B E
O G W A T A E H R A N B O M W T E E
P L R Z O V L Z D N A G C R Y R S T
E O X P U E M D H D I R R S O U E F
N R J D P N R I G H T K I V E M E A
L Y C H H P O T Z P R U T T N P N O
Y O L J W G E U G I X L E L G E X I
D F Z S Y N A G O G U E T K X T G B
V M D Y L N A M K U K Y E D E D I T
V E G B B Q O F S O U N D E G U C R
V N T O B X C Y T F T A N W V N O P
H M P G H W U B B E F O R E M E N J
T A K E H E E D T J C T D L Q Q B C
O W H I C H S E E S O U B L O N L X
P M D O A L M S S E C R E T L X W L
```

And when you pray, you shall not be as the hypocrites *are*: for they love to pray standing in the synagogues and in the corners of the streets, that they may be seen of men. Verily I say to you, They have their reward. But you, when you pray, enter into your closet, and when you have shut your door, pray to your Father which is in secret; and your Father which sees in secret shall reward you openly. But when you pray, use not vain repetitions, as the heathen *do*: for they think that they shall be heard for their much speaking. Be not you therefore like to them: for your Father knows what things you have need of, before you ask Him. After this manner therefore pray you: Our Father which is in heaven, Hallowed be Your name. Your kingdom come. Your will be done in earth, as *it is* in heaven. Give us this day our daily bread. And forgive us our debts, as we forgive our debtors. And lead us not into temptation, but deliver us from evil: For Yours is the kingdom, and the power, and the glory, for ever. Amen. For if you forgive men their trespasses, your heavenly Father will also forgive you: But if you forgive not men their trespasses, neither will your Father forgive your trespasses.

```
P I V A I N P R M Y N V V Z B S X S
O T G P P H E A T H E N L Z G D T A
Q Q Y R E W A R D O P E N L Y C E X
T R E S P A S S E S U Y S P M O M K
T Z N W F R X S T A N D I N G R P X
O W H E N Y O U P R A Y X G U N T I
P O W E R A N D G L O R Y S Q E A S
S G E Q F T J C I O V X O P S R T H
E C M R E P E T I T I O N S T S I U
E E O I A G N O O E P T S B Y P O T
N M B B S F X T P C S J K M R O N T
O E N T B A A C L O S E T A D W I H
F K C K T I Y E N T E R I N T O F E
M P R A Y I N S E C R E T L P M L D
E S O U R F A T H E R Y J S F D C O
N K N Q P Y V S S D E L I V E R L O
S N J Q W D A I L Y B R E A D U K R
I P W J X H A L L O W E D F P I D I
```

WHEN YOU PRAY
STANDING
CORNERS
SEEN OF MEN
I SAY
ENTER INTO
CLOSET
SHUT THE DOOR
PRAY IN SECRET
REWARD OPENLY
VAIN
REPETITIONS
HEATHEN
OUR FATHER
HALLOWED
DAILY BREAD
TRESPASSES
TEMPTATION
DELIVER
POWER AND GLORY

Moreover when you fast, be not, as the hypocrites, of a sad countenance: for they disfigure their faces, that they may appear to men to fast. Verily I say to you, They have their reward. But you, when you fast, anoint your head, and wash your face; That you appear not to men to fast, but to your Father which is in secret: and your Father, which sees in secret, shall reward you openly.

```
J M U I H J Y J Z R F U K R X S A S T Y
R E E X B Y P Z Y U Q B O N X L J A E W
Y F J C G O L A I G H O O D U R B D L A
G B C L D U K N S E J W Y R T O C C F S
K Y E J R R R O O G P X F P Z I T O I H
S S R D B F C I X I Q B W S G U J U E Y
A D K A E A T N B D G N L G G B O N A O
X T R Z T T D T F S I G F J A E K T Y U
Z O W D E H V E G J W S B U E A W E C R
L M G P G E T R S G A W F Z Z Q F N V F
W Z C K C R Z O R B G P Q I K L D A Q A
X Z U O E S Q X L P Z W K O G H L N B C
T Z P G D E L X Q B I R Y J G U A C S E
R V A G Z E P K A G M P P Z L I R E K Q
J D L P X S D Y Y P V J Q T A M L E B F
M S U N Q N F T K A Q A M M Z D T Q P V
G F S A L N F T F C X K A S G W B V Y T
B K W H E N Y O U F A S T P P P Y J E T
F A C E S Y O U R H E A D L P B V W L J
C C N G G T V G G C Z L E Q N O P L C R
```

WHEN YOU FAST	DISFIGURE	ANOINT	WASH YOUR FACE
SAD COUNTENANCE	FACES	YOUR HEAD	YOUR FATHER SEES

22. MATTHEW 6:19–21 LAY UP TREASURES IN HEAVEN

Lay not up for yourselves treasures upon earth, where moth and rust does corrupt, and where thieves break through and steal: But lay up for yourselves treasures in heaven, where neither moth nor rust does corrupt, and where thieves do not break through nor steal: For where your treasure is, there will your heart be also.

```
E R P G L O O Y S N P E N O C
N T V C R K X D F T C H K M U
H I R J O D M K Z S E I Q O P
N W R E R R Z B G L J A H T O
U W H B A B R J S E D E L H T
S L F K E S N U P V Y B N A H
S R I F K C U T P A X T X N I
Q H E A V E N R I T R B X D E
Y N I H N P D V E U T G F R V
T S G V U D Q S Q S Y X B U E
J H E A R T W I L L B E R S S
Q U Y Y M H M G G P I K E T R
U V P I A R N V Z T D B A U W
O E L A Y U P G C I U I K Q U
N X A E U P O N E A R T H H T
```

LAY UP	UPON EARTH	CORRUPT	BREAK	HEAVEN
TREASURES	MOTH AND RUST	THIEVES	STEAL	HEART WILL BE

23. LUKE 11:33–36 THE LAMP OF THE BODY

No man, when he has lighted a candle, puts *it* in a secret place, neither under a bushel, but on a candlestick, that they which come in may see the light. The light of the body is the eye: therefore when your eye is single, your whole body also is full of light; but when *your eye* is evil, your body also *is* full of darkness. Take heed therefore that the light which is in you be not darkness. If your whole body therefore *be* full of light, having no part dark, the whole shall be full of light, as when the bright shining of a candle does give you light.

LAMP	CANDLE	CANDLESTICK	SINGLE	DARKNESS
OF THE BODY	SECRET PLACE	THE EYE	FULL	BRIGHT
LIGHTED	BUSHEL	WHOLE	EVIL	SHINING

```
Q B S O X L J F Z U O K O Y D G G A B J
V U X L B D I P X O Q K D L A C D B Z E
E S V U C S V G F Z K F Z E R A N P Y A
O H M M U Z Z P H Z Q P T C K N N H H P
K E M Z H G J E E T D K M W N D A D I S
U L Y T O F M V W R E G L W E L T R X H
T O X A R R J I J B C D V W S E H V S I
G S J Y E D L Q C A G G D S S E L T N
L O W K F Q R L P V N W S V B T E Y Z I
D X X W A T G U E D D O R W X I Y E W N
O F T H E B O D Y K L M Z M E C E X I G
C H N H X B M B C Z E B Q D W K T K F M
P C V I E D J Z Y E Q W B O W G O Z W G
T S E C R E T P L A C E Z L H R E R K F
B R I G H T P H S H U H V T O U V Y I X
M P V H X X U C J T I Z D L G Y M C H
R B Y C O Z S B D B A B U D E I A I A K
T P R W Y T M H K F L F F U L L I Z U
U D D C P I S L A M P C S E I U T A D Z
C S I N G L E U Y N D U U J X G N I W
```

28

24. MATTHEW 6:24 YOU CANNOT SERVE GOD AND RICHES

No man can serve two masters: for either he will hate the one, and love the other; or else he will hold to the one, and despise the other. You cannot serve God and mammon.

LUKE 12:32–34

Fear not, little flock; for it is your Father's good pleasure to give you the kingdom. Sell that you have, and give alms; provide yourselves bags which wax not old, a treasure in the heavens that fails not, where no thief approaches, neither moth corrupts. For where your treasure is, there will your heart be also.

NO MAN	X R S G R N U A O H X Q X Y U H X V
SERVE	T R H S O P R L U Z Z U G J J O Q V
TWO MASTERS	W C Z A R O H M I Y I H W G P L W S
HATE AND LOVE	O E I F T M D S Y B J J O P V D A S
HOLD AND DESPISE	M U F J L E D P Q Q T P N Y V A N E
MAMMON	A U Y O M S A G L X M F X K R N O L
FEAR NOT	S W B P H D E N M E P C L Q W D M L
LITTLE FLOCK	T V R E L S W R D R A N R N Z D A A
GOOD PLEASURE	E A M Y Y A K L V L N S L M E E N N
KINGDOM	R R L Z M V Q I W E O E U D C S G D
SELL AND GIVE	S F H F A I L S N O T V H R L P I G
ALMS	L L N V A G R E H G K H E G E I J I
WAX NOT	L Y L R Y W J C O O D L L C K S P V
FAILS NOT	F E A R N O T I B N S O F A A E P E
	L Y S N P V D J B U Z F M Q V L N A
	H K D Q V F E B O F V P H G H S R A
	B J R V Y D L I T T L E F L O C K P
	M A M M O N W A X N O T D I T E G Y

25. MATTHEW 6:25–34 DO NOT WORRY

Therefore I say to you, Take no thought for your life, what you shall eat, or what you shall drink; nor yet for your body, what you shall put on. Is not the life more than meat, and the body than raiment? Behold the fowls of the air: for they sow not, neither do they reap, nor gather into barns; yet your heavenly Father feeds them. Are you not much better than they? Which of you by taking thought can add one cubit to his stature? And why take you thought for raiment? Consider the lilies of the field, how they grow; they toil not, neither do they spin: And yet I say to you, That even Solomon in all his glory was not arrayed like one of these. Wherefore, if God so clothe the grass of the field, which today is, and tomorrow is cast into the oven, *shall He* not much more *clothe* you, O you of little faith? Therefore take no thought, saying, What shall we eat? or, What shall we drink? or, Wherewithal shall we be clothed? (For after all these things do the Gentiles seek:) for your heavenly Father knows that you have need of all these things. But seek you first the kingdom of God, and His righteousness; and all these things shall be added to you. Take therefore no thought for the morrow: for the morrow shall take thought for the things of itself. Sufficient to the day *is* the evil thereof.

LILIES OF THE FIELD	NO THOUGHT
TOIL AND SPIN	YOUR LIFE
SOLOMON	SHALL EAT
GRASS	DRINK
CLOTHE	YOUR BODY
HAVE NEED	PUT ON
HIS RIGHTEOUSNESS	MORE THAN MEAT
ADDED TO YOU	RAIMENT
THE MORROW	FOWLS OF THE AIR
	SOW NOT
	NEITHER REAP

```
H A B X O I L Y X H K E R G K H B U L R
S I N A C Q F T K Z S O L O M O N R L A
O O S O M P Z S N K L L E O M W B Z I I
N A W R T I X A N O J G C P O R G U L M
E Y D N I H C K U K S G S U R L D J I E
C C K D O G O C A Z V M H T E S L S E N
Q B Y T E T H U U Z C R A O T M V M S T
A H H O Q D E T G H U T L N H L D R O V
H T W V U V T Z E H H V L I A M O V F T
L I W S E R H O O O T M E O N U N W T O
H H T A O J L A Y U U P A Z M J X Y H I
G A C N D H X I V O C S T D E W E U E L
C T P K L E Q V F E U L N K A N N X F A
I W C L O T H E N E N M L E T J Y V I N
X Z R K G T G R A S S E C X S J D Z E D
E Y I O V T Z V K P P E A A S R B L S
T H E M O R R O W I U W Y D I D I C D P
Q A P L B J S J Y O U R B O D Y N S P I
A W E F O W L S O F T H E A I R K L B N
L A F Y E N X N E I T H E R R E A P H Z
```

Judge not, that you be not judged. For with what judgment you judge, you shall be judged: and with what measure you mete, it shall be measured to you again. And why behold you the mote that is in your brother's eye, but consider not the beam that is in your own eye? Or how will you say to your brother, Let me pull out the mote out of your eye; and, behold, a beam *is* in your own eye? You hypocrite, first cast out the beam out of your own eye; and then shall you see clearly to cast out the mote out of your brother's eye. Give not that which is holy to the dogs, neither cast you your pearls before swine, lest they trample them under their feet, and turn again and rend you.

```
V S C Q H H K H T R A M P L E O K Q R O      JUDGE NOT
N M B Y M I O H E Z Y K V D P B P K I X      JUDGMENT
U O H Z X X Y L X U S F B D E E U B B W      MEASURED
N T J G H U Y V Y M W G E P X A A T R Y      METE
M E G P U V Q A I W I S A N O M Z K O Y      MOTE
T E K B P W W W R F N V H C Z T M C T X      BROTHER'S EYE
P G T X Z B T H K H E D T Y Z U K A H M      BEAM
R U Q E W Y Q O H F U D K H I R E S E J      IN YOUR OWN
Z L L Q Q S K I F B M N W R N N B T R O      PULL OUT
J M J L F J Z S G P E A K Y Y A K O S Q      CAST OUT
U E X J O V U N M Y A N J Q O G X U E J      SEE CLEARLY
D M B K P U Y D X W S S B S U A B T Y P      HOLY
G B X P H S T C G I U Q Y M R I P M E E      THE DOGS
E E L N E T S W E M R H R P O N Y F S A      PEARLS
N K X H W V I G K M E V M P W M U J Y R      SWINE
O F S X U U F S Z M D N N H N E E U C L      TRAMPLE
T Q G B G W H O P C Y X T E P R X F H S      TURN AGAIN
J S E E C L E A R L Y S Y W Y Z I S X G      REND YOU
T H E D O G S Q K Y T K K T P D M J S D
B M T P S H Z Z E N U T R E N D Y O U Z
```

27. MATTHEW 7:7–12 KEEP ASKING, SEEKING, KNOCKING

Ask, and it shall be given you; seek, and you shall find; knock, and it shall be opened to you: For every one that asks receives; and he that seeks finds; and to him that knocks it shall be opened. Or what man is there of you, whom if his son ask bread, will he give him a stone? Or if he ask a fish, will he give him a serpent? If you then, being evil, know how to give good gifts to your children how much more shall your Father which is in heaven give good things to them that ask Him? Therefore all things whatsoever you would that men should do to you, do you even so to them: for this is the law and the prophets.

ASK

BE GIVEN

SEEK

FIND

KNOCK

OPENED

EVERYONE

RECEIVE

BREAD

STONE

FISH

SERPENT

GOOD GIFTS

FATHER IN HEAVEN

WHATSOEVER

EVEN SO DO

THE LAW

PROPHETS

```
W U O P E N E D S J A S K F V
F P J J G N Y V Q G R O B A D
P U Z S W F S K N O C I Z T K
W C N A E V E R Y O N E O H N
F H J W E R W A K D H H P E O
Q I A I E A P O P G C S R R C
L O S T D L Z E N I D H O I K
P Q G H S V G V N F L B P N S
O T I U F O H N E T S R H H W
X H K J E I E L M S T E E E L
R E N D O B N V M B O A T A S
F L K O H G C D E M N D S V E
R A R E C E I V E R E J Z E E
H W E B E G I V E N D F Z N K
T G B V E V E N S O D O B R X
```

And it came to pass, as He spoke these things, a certain woman of the company lifted up her voice, and said to Him, Blessed *is* the womb that bore You, and the paps which You have sucked. But He said, Yea rather, blessed *are* they that hear the word of God, and keep it.

LUKE 11:29–32 SEEKING A SIGN

And when the people were gathered thick together, He began to say, This is an evil generation: they seek a sign; and there shall no sign be given it, but the sign of Jonah the prophet. For as Jonah was a sign to the Ninevites, so shall also the Son of Man be to this generation. The queen of the south shall rise up in the judgment with the men of this generation, and condemn them: for she came from the utmost parts of the earth to hear the wisdom of Solomon; and, behold, a greater than Solomon *is* here. The men of Ninevah shall rise up in the judgment with this generation, and shall condemn it: for they repented at the preaching of Jonah; and, behold, a greater than Jonah *is* here.

```
W A Y W K J B H G E P Q X W I Q F V E Q
R M W N B P U V W R D R P O Q G T I E U
R K E E P I T T D O E G O M F E F M R E
G V P L T Q W Y M P R A Z B W J V U Z E
R E Q S H A J J R O B D T M G Y N V R N
S J N Z Y R Q R I T S U O E S R F J D O
K L H E S O L O M O N T P F R K F L U F
L S F Z R N U G K M J J P E G F K O N T
D U Q A N A I J R K H V B A U O G C Z H
F X S S P K T N S U C A I B R N D S I E
J J P C E X E I E K D B Z P J T D H C S
O B L E S S E D O V T Q E D Y X S W O O
R T D A S J E R Q N A Q M A M C E W M U
C Z R F O T G O V Q B H D S A W Q J P T
C E R T A I N W O M A N P E K Q M O A H
O Q A S D Q G X G G I I A Z W I I N N Q
U L I F T E D U P V O I C E I L V A Y H
F G S E E K A S I G N M H M Z O L H I O
D Z X X Y P Y G P M P R E A C H I N G B
M T H O S E T H A T H E A R G Y G M M R
```

CERTAIN WOMAN
COMPANY
LIFTED UP
VOICE
BLESSED
WOMB
THOSE THAT HEAR
WORD OF GOD
KEEP IT
SEEK A SIGN
JONAH
NINEVAH
GENERATION
QUEEN OF THE SOUTH
UTMOST PARTS
SOLOMON
PREACHING
GREATER

And as He spoke, a certain Pharisee besought Him to dine with him: and He went in, and sat down to meat. And when the Pharisee saw *it*, he marveled that He had not first washed before dinner. And the Lord said to him, Now do you Pharisees make clean the outside of the cup and the platter; but your inward part is full of ravening and wickedness. *You* fools, did not He that made that which is outside make that which is within also? But rather give alms of such things as you have; and, behold, all things are clean to you. But woe to you, Pharisees! for you tithe mint and rue and all manner of herbs, and pass over judgment and the love of God: these ought you to have done, and not to leave the other undone. Woe to you, Pharisees! for you love the uppermost seats in the synagogues, and greetings in the markets. Woe to you, scribes and Pharisees, hypocrites! for you are as graves which appear not, and the men that walk over *them* are not aware *of them*. Then answered one of the lawyers, and said to Him, Master, thus saying You reproach us also. And He said, Woe to you also, *you* lawyers! for you lade men with burdens grievous to be borne, and you yourselves touch not the burdens with one of your fingers. Woe to you! for you build the sepulchers of the prophets, and your fathers killed them. Truly you bear witness that you allow the deeds of your fathers: for they indeed killed them, and you build their sepulchers. Therefore also said the wisdom of God, I will send them prophets and apostles, and *some* of them they shall slay and persecute: That the blood of all the prophets, which was shed from the foundation of the world, may be required of this generation; From the blood of Abel to the blood of Zechariah, which perished between the altar and the temple: verily I say to you, It shall be required of this generation. Woe to you, lawyers! for you have taken away the key of knowledge: you entered not in yourselves, and them that were entering in you hindered. And as He said these things to them, the scribes and the Pharisees began to urge *Him* vehemently, and to provoke Him to speak of many things: Laying wait for Him, and seeking to catch something out of His mouth, that they might accuse Him.

```
B U G V X H U P P E R M O S T G Q V B J
P P G I W A Y E V F O V C G I Y F Q U G
N W X O V I L Q F P Q K I P G K L H R O
H O G N X E C T K G R A V E S N A M D H
Y S C Y L C A K A P O D Z O S D D I E N
U P R L C F I L E R A P A L U J E N N I
C Q A E R F W M M D L W E A Q O M T S N
U U L U Q V T H G S N H B I V P E A G W
P Z W Q W U G P Z J I E E T Q Y N N V A
A J J G U S I E Q H E X S T P A J D X R
N M O S S R A R B V J Q G S X U P R R D
D C Y A W A S H E D G M H E R B S U H P
P J A T W S P K W D K S I W V G W E A A
L O Z I E T B S E G R I E V O U S Y J R
A N G T F R S E P U L C H E R S D P Z T
T R R H O B Y A S F O U N D A T I O N A
T K Y E T B H P X U R E S B H I Z D X J
E J K K E Y O F K N O W L E D G E G M I
R R A V E N I N G E U Y F X O P Q H N P
P A S S J U D G M E N T E Z U U A C V I
```

WASHED	WICKEDNESS	HERBS	BURDENS	FOUNDATION
CUP AND PLATTER	GIVE ALMS	PASS JUDGMENT	GRAVES	ALTAR
INWARD PART	TITHE	LADE MEN	UPPERMOST	REQUIRED
RAVENING	MINT AND RUE	GRIEVOUS	SEPULCHERS	KEY OF KNOWLEDGE

30. LUKE 12:1-3 BEWARE OF HYPOCRISY

In the mean time, when there were gathered together an innumerable multitude of people, insomuch that they trampled one upon another, He began to say to His disciples first of all, Beware you of the leaven of the Pharisees, which is hypocrisy. For there is nothing covered, that shall not be revealed; neither hidden, that shall not be known. Therefore whatsoever you have spoken in darkness shall be heard in the light; and that which you have spoken in the ear in closets shall be proclaimed upon the house tops.

LUKE 12:4-7 JESUS TEACHES THE FEAR OF GOD

And I say to you My friends, Be not afraid of them that kill the body, and after that have no more that they can do. But I will forewarn you whom you shall fear: Fear Him, which after He has killed has power to cast into hell; yea, I say to you, Fear Him. Are not five sparrows sold for two farthings, and not one of them is forgotten before God? But even the very hairs of your head are all numbered. Fear not therefore: you are of more value than many sparrows.

```
G H H H B H K F H K M U E I X K T H
M M O I L Y E D W K F S D X H K W N
Z L U D E P P C V I R P A N A N O V
S I S D A O V K J L N O R F I O F Z
W N E E V C P O D L Q K K I R T A S
C T T N E R J F P T L E N X S H R W
V H O G N I E B F H G N E H N I T M
J E P B W S G W G E E Z S D U N H S
R E S F A Y A Y O B C A S M M G I G
V A N O T F O R G O T T E N B C N C
H R B S K N O W N D V B U R E O G L
Y F O V I J J P W Y F F B I R V S O
E O J Z Q C G L L B E W A R E E Y S
J M O R E V A L U E C J T K D R X E
R S F I V E S P A R R O W S J E D T
G O W X V T Z P L J T Z G E H D B S
B R E V E A L E D Z P O W E R F X H
I I N N U M E R A B L E Q N A C H F
```

INNUMERABLE
BEWARE
LEAVEN
HYPOCRISY
NOTHING COVERED
REVEALED
HIDDEN
KNOWN
SPOKEN
DARKNESS
IN THE EAR
CLOSETS
HOUSETOPS
KILL THE BODY
POWER
FIVE SPARROWS
TWO FARTHINGS
NOT FORGOTTEN
HAIRS NUMBERED
MORE VALUE

31. LUKE 12:13–21 THE PARABLE OF THE RICH FOOL

And one of the company said to Him, Master, speak to my brother, that he divide the inheritance with me. And He said to him, Man, who made Me a judge or a divider over you? And He said to them, Take heed, and beware of covetousness: for a man's life consists not in the abundance of the things which he possesses. And He spoke a parable to them, saying, The ground of a certain rich man brought forth plentifully: And he thought within himself, saying, What shall I do, because I have no room where to bestow my fruits? And he said, This will I do: I will pull down my barns, and build greater; and there will I bestow all my fruits and my goods. And I will say to my soul, Soul, you have much goods laid up for many years; take your ease, eat, drink, *and* be merry. But God said to him, *You* fool, this night your soul shall be required of you: then whose shall those things be, which you have provided? So *is* he that lays up treasure for himself, and is not rich toward God.

COMPANY

MASTER

INHERITANCE

COVETOUSNESS

ABUNDANCE

POSSESSIONS

RICH MAN

BROUGHT FORTH

PLENTY

BESTOW

FRUITS

BARNS

MUCH GOODS

LAID UP

TAKE YOUR EASE

TREASURES

```
B G K U S I C O M P A N Y Y B
E M X B A R N S P X W Y L T Y
S Q U W F J U B N C U M P A B
T B M C S K B G Q O P S V K R
O T F A H S I T M V O R X E O
W O R R S G A Q Y E S F W Y U
S R P E U T O X C T S A Q O G
J A L O A I E O C O E K M U H
A H E Q M S T R D U S N L R T
F O N G Z D U S T S S D A E F
Y H T W R N K R K N I J I A O
U W Y M E T G G E E O W D S R
A B U N D A N C E S N D U E T
D C R I C H M A N S S Q P S H
X S D I N H E R I T A N C E I
```

And He went through the cities and villages, teaching, and journeying toward Jerusalem. Then said one to Him, Lord, are there few that be saved? And He said to them, Strive to enter in at the strait gate: for many, I say to you, will seek to enter in, and shall not be able. When once the master of the house is risen up, and has shut to the door, and you begin to stand outside, and to knock at the door, saying, Lord, Lord, open to us; and He shall answer and say to you, I know you not from where you are: Then shall you begin to say, We have eaten and drunk in Your presence, and You have taught in our streets. But He shall say, I tell you, I know you not from where you are; depart from Me, all you workers of iniquity. There shall be weeping and gnashing of teeth, when you shall see Abraham, and Isaac, and Jacob, and all the prophets, in the kingdom of God, and you yourselves thrust out. And they shall come from the east, and from the west, and from the north, and from the south, and shall sit down in the kingdom of God. And, behold, there are last which shall be first, and there are first which shall be last. The same day there came certain of the Pharisees, saying to Him, Get You out, and depart from here: for Herod will kill you. And He said to them, Go you, and tell that fox, Behold, I cast out devils, and I do cures today and tomorrow, and the third day I shall be perfected. Nevertheless I must walk today, and tomorrow, and the day following: for it cannot be that a prophet perish out of Jerusalem.

```
E J A C O B T P I Y T K M I N V T T A W
T O H L D C S Z I Z Y V O O N N O F Y M
V C D Z I X I T K S X Z S Z X D C H Z I
W E E P I N G R R M A P S A V E D P P F
Z G B A N T U N V A D A B J K O N R R P
Q G B C L E U X A F I R C W U D W E I O
A B R A H A M G D S S T W S N O E S S H
E S F I R S T C O O H H G M U E A E E F
Y E H C V D P N Q U L I T A T G T N N U
B U U U X J R D E T A H N O T S E C U T
S H V N T P F Z T S Y P H G I E N E P P
F E Y Z A T W H G I P I D A D F D X C J
B Y N S R L H I G D I Y H N L X S Y O D
J U V T W B A E V E W J Q E O A K J W R
A T F M E V P S D S T R I V E B X T F U
O Y O B F R Z P T O P Y G H X H D O O N
F F O I B E I K K J O L B Y Z D D N X K
F D M Z I R F N H A X R X C K W C I D E
T H S K K D N P J K M Y U K N O C K T C
Q K C M A S T E R O F T H E H O U S E N
```

SAVED	RISEN UP	EATEN	GNASHING	LAST
STRIVE	SHUT THE DOOR	DRUNK	ABRAHAM	FIRST
ENTER IN	OUTSIDE	PRESENCE	ISAAC	FOX
STRAIT GATE	KNOCK	WEEPING	JACOB	MASTER OF THE HOUSE

40

33. MATTHEW 7:15–20 YOU WILL KNOW THEM BY THEIR FRUITS

Beware of false prophets, which come to you in sheep's clothing, but inwardly they are ravening wolves. You shall know them by their fruits, Do men gather grapes of thorns, or figs of thistles? Even so every good tree brings forth good fruit; but a corrupt tree brings forth evil fruit. A good tree cannot bring forth evil fruit, neither *can* a corrupt tree bring forth good fruit. Every tree that brings not forth good fruit is hewn down, and cast into the fire. Wherefore by their fruits you shall know them.

MATTHEW 7:21–23 I NEVER KNEW YOU

Not every one that says to Me Lord, Lord, shall enter into the kingdom of heaven; but he that does the will of My Father which is in heaven. Many will say to Me in that day, Lord, Lord, have we not prophesied in Your name? and in Your name have cast out devils? and in Your name done many wonderful works? And then will I profess to them, I never knew you: depart from Me, you that work iniquity.

```
S I N I Q U I T Y M O W Q D C U S T
P H C C O F O F I R E D V W O D D K
C W E N R V B H M V T U J L R G G Q
J B O E M T T Q E C B T S A R W F A
K I G N P P J Q X W N Q G N U K A I
C R R I D S K T Z W N A V S P K L A
C S A J C E C N T F L D F P T S S X
Q Y P S J W R L O A W H O T I I E E
P P E R C Q B F O W X B D W W T P U
K S S F A F J N U T N G O T N W R K
R K S X L V S L F L H W E Y M O O N
Y E S K S F E C A S T I N T O L P O
R R L E C Y F N W G T O N Z Z V H W
V S E U Q F M I I Z A T L G N E E M
L H W X R T H B G N F R U I T S T E
T H O R N S K I A S G U Z C X K S J
J R G P L G O O D T R E E G A L S E
N J H Z T J F U T H I S T L E S Z I
```

FALSE PROPHETS
SHEEP'S CLOTHING
RAVENING
KNOWN
FRUITS
GRAPES
THORNS
FIGS
THISTLES
GOOD TREE
CORRUPT
HEWN DOWN
CAST INTO
FIRE
WOLVES
WONDERFUL
KNOW ME
INIQUITY

Therefore whosoever hears these sayings of Mine, and does them, I will liken him to a wise man, which built his house upon a rock: And the rain descended, and the floods came, and the winds blew, and beat upon that house; and it fell not: for it was founded upon a rock. And every one that hears these sayings of Mine, and does them not, shall be likened to a foolish man, which built his house upon the sand: And the rain descended, and the floods came, and the winds blew, and beat upon that house; and it fell: and great was the fall of it. And it came to pass, when Jesus had ended these sayings, the people were astonished at His doctrine: For He taught them as *one* having authority, and not as the scribes.

HEAR THESE SAYINGS

DO THEM

WISE MAN

BUILD

UPON A ROCK

RAIN

DESCENDED

FLOODS CAME

WINDS BLEW

FELL NOT

FOUNDED

FOOLISH

THE SAND

GREAT FALL

DOCTRINE

AUTHORITY

```
E F G R E A T F A L L O F I E U X H
S T G A U T H O R I T Y E B G J W E
A H H Y U Z W D R M X Q L E S C I A
D E S C E N D E D D S F L S H E N R
U S Z M N H A D E F I O N Q K W D T
Q A R K R J V N G H P U O O C D S H
K N X K B P U A U T E N T C N M B E
Q D U N T Y Z E D E G D J D A D L S
B S O U F P Z A P E T E W N S L E E
X V T C D O C G R O B D I E X R W S
L R A X T O O S A P U E S M V P B A
C S R K B R T L V P I M E Q X R T Y
B Q L P V S I H I Z L U M J U G E I
B F E A T X O N E S D Y A X D E X N
D N L N U R H K E M F N C V N H G
F U P O N A R O C K J F H M O B X S
A N D T P Z F L O O D S C A M E X J
Z Q Z R R A I N Q D Y N Z Y Q M O I
```

42

35. MATTHEW 8:5–13 JESUS HEALS A CENTURION'S SERVANT

And when Jesus was entered into Capernaum, there came to Him a centurion, beseeching Him, begging And saying, Lord, my servant lies at home sick of the palsy, grievously tormented. And Jesus said to him, I will come and heal him. The centurion answered and said, Lord, I am not worthy that You should come under my roof: but speak the word only, and my servant shall be healed. For I am a man under authority, having soldiers under me: and I say to this *man*, Go, and he goes; and to another, Come, and he comes; and to my servant, Do this, and he does *it*. When Jesus heard *it*, He marveled, and said to them that followed, Verily I say to you, I have not found so great faith, no, not in Israel. And I say to you, That many shall come from the east and west, and shall sit down with Abraham, and Isaac, and Jacob, in the kingdom of heaven. But the children of the kingdom shall be cast out into outer darkness: there shall be weeping and gnashing of teeth. And Jesus said to the centurion, Go your way; and as you have believed, *so* be it done to you. And his servant was healed in the selfsame hour.

A	U	T	H	O	R	I	T	Y	C	B	G	U	C	O	F	O	G

CAPERNAUM

CENTURION

BESEECHING

BEGGING

MY SERVANT

PALSY

GRIEVOUS

TORMENT

I WILL HEAL

NOT WORTHY

SPEAK ONLY

AUTHORITY

MARVELED

GREAT FAITH

BELIEVED

SELFSAME HOUR

```
A U T H O R I T Y C B G U C O F O G
I C Q I O I G L S E E R Y A A E R I
N O T W O R T H Y N L O I P N L Y N
F R P Z Y P M Q D T I N N E K O S X
D A R B K U A P F U E U M R T T E S
O S A E W L R Q C R V G H N O D L P
T K P G B L V T A I E R S A R A F E
Z H G G I U E U W O D E H U M K S A
J U O I W T L A W N D A S M E K A K
A F V N M G E W O K H T X Z N K M O
K B N G D D D F O W R F W F T T E N
C D R U W Z E W N A W A H H R W H L
U C D I B E S E E C H I N G H P O Y
Y S Y L D T W Y G I R T F X Y A U R
I W I L L H E A L U R H B F Y L R B
H S P B A I O W O O M A C I Z S H G
D D T F P M G R I E V O U S N Y D V
K F M Y S E R V A N T C E N T U R I S N O U Q H
```

After these things the Lord appointed other seventy also, and sent them two and two before His face into every city and place, where He Himself would come. Therefore said He to them, The harvest truly *is* great, but the laborers are few: pray you therefore the Lord of the harvest, that He would send forth laborers into His harvest. Go your ways: behold, I send you forth as lambs among wolves. Carry neither purse, nor scrip, nor shoes: and salute no man by the way. And into whatsoever house you enter, first say, Peace *be* to this house. And if the son of peace be there, your peace shall rest upon it: if not, it shall turn to you again. And in the same house remain, eating and drinking such things as they give: for the laborer is worthy of his hire. Go not from house to house. And into whatsoever city you enter, and they receive you, eat such things as are set before you: And heal the sick that are therein, and say to them, The kingdom of God is come near to you. But into whatsoever city you enter, and they receive you not, go your ways out into the streets of the same, and say, Even the very dust of your city, which clings on us, we do wipe off against you: notwithstanding be you sure of this, that the kingdom of God is come near to you. But I say to you, that it shall be more tolerable in that day for Sodom, than for that city.

```
W W T R E I G J X C G E O P J T T X C L
O M A L E B K L L L A B H U C H Z B B E
R U B A Q C R L W A U D G R V U H J O B
T W K B S O E Y V F M C U S T D E N N H
H P G O H C I I I N M B I E W K E M H Z
Y M E R C L R G V W B E S Z O B K O O W
O O V E E M R I S E K J R F A Q E O U I
F N E R N F X X P B I D C S N K R S S P
H H R H J R H O M U N A P E D F A Y E E
I Z Y R G W A H D N G V B V T A V X T O
R L P F W D R G B V D Q M E W R T L O F
E A L H X A V Q L G O I Z N O M Z U H F
P E A C E B E U O S M M N T T Q J K O L
K A C Q T M S D M O O Y Y Y Y U O J U S
J A E Q J Q T D E S F A J O U O N F S D
I S A L U T E L G O G S H O E S F H E O
S E N D F O R T H D O L W V T A O Y T J
U D E A T I N G A N D D R I N K I N G C
W O L V E S J F Z S V M C R Q K P M J F
B V P W L D K V Z V E R Y D U S T Q E W
```

SEVENTY	LABORER	PURSE	PEACE BE	RECEIVE
TWO AND TWO	SEND FORTH	SCRIP	WORTHY OF HIRE	VERY DUST
EVERY PLACE	LAMBS	SHOES	HOUSE TO HOUSE	WIPE OFF
HARVEST	WOLVES	SALUTE	EATING AND DRINKING	KINGDOM OF GOD

45

37. MATTHEW 9:1–8 JESUS FORGIVES AND HEALS A PARALYTIC

And He entered into a ship, and passed over, and came into His own city. And, behold, they brought to Him a man sick of the palsy, lying on a bed: and Jesus seeing their faith said to the sick of the palsy; Son, be of good cheer; your sins be forgiven you. And, behold, certain of the scribes said within themselves, This *man* blasphemes. And Jesus knowing their thoughts said, Why think you evil in your hearts? For which is easier, to say, *Your* sins be forgiven you; or to say, Arise, and walk? But that you may know that the Son of Man has power on earth to forgive sins, (then says He to the sick of the palsy,) Arise, take up your bed, and go to your house. And he arose, and departed to his house. But when the multitudes saw *it*, they marveled, and glorified God, which had given such power to men.

```
N S I C K O F P A L S Y C U C        OWN CITY
J D E P A R T E D D Q O E D B         SICK OF PALSY
W I G N G M U A I U U J R M A         GOOD CHEER
E T H I N K E V I L T Q T L R         SINS FORGIVEN
L J B J K I B D A P U V A L O         CERTAIN SCRIBES
D H U O W N C I T Y U N I G S         BLASPHEMES
Q W H Y E J C Z W I R O N O E         THINK EVIL
A R M R M H P O T J Z I S O L         ARISE AND WALK
M B L A S P H E M E S Z C D P         POWER ON EARTH
W X V U L S O D N I O E R C D         TAKE UP
O C P W T A K E U P A B I H V         AROSE
S I N S F O R G I V E N B E E         DEPARTED
P O W E R O N E A R T H E E H
H F I Z Q I V Y I P S Z S R J
O A R I S E A N D W A L K L I
```

38. MATTHEW 9:9–13 MATTHEW THE TAX COLLECTOR

And as Jesus passed forth from there, He saw a man, named Matthew, sitting at the receipt of custom: and He says to him, Follow Me. And he arose, and followed Him. And it came to pass, as Jesus sat at meat in the house, behold, many publicans and sinners came and sat down with Him and His disciples. And when the Pharisees saw *it*, they said to His disciples, Why eats your Master with publicans and sinners? But when Jesus heard *that*, He said to them, They that be whole need not a physician, but they that are sick. But go you and learn what *that* means, I will have mercy, and not sacrifice: for I am not come to call the righteous, but sinners to repentance.

MATTHEW	C	O	S	J	C	T	E	K	E	D	O	S	I	I	J	S	Q	D
TAX COLLECTOR	A	S	Q	I	S	U	T	Y	N	Z	Q	I	X	B	G	H	U	V
RECEIPT	Z	Q	M	A	N	P	S	I	M	V	P	C	R	E	S	B	R	M
CUSTOM	D	O	Q	H	P	N	E	T	P	S	L	K	E	E	A	K	L	F
FOLLOW ME	N	C	L	F	U	U	E	M	O	K	M	T	C	J	C	Q	J	A
PUBLICANS	I	D	K	Y	I	W	B	R	C	M	G	M	E	Q	R	O	N	Z
SINNERS	T	O	U	M	A	D	H	L	S	D	P	Z	I	E	I	Y	J	J
DISCIPLES	P	P	L	P	W	I	D	O	I	X	L	L	P	O	F	F	Y	W
WHOLE	E	G	B	Q	B	U	H	L	L	C	Y	A	T	O	I	O	C	F
PHYSICIAN	R	I	G	H	T	E	O	U	S	E	A	D	G	F	C	L	F	M
SICK	U	R	P	B	A	M	E	R	C	Y	K	N	R	H	E	L	O	A
MERCY	V	S	A	Y	O	I	H	H	M	K	D	R	S	J	U	O	G	T
SACRIFICE	D	I	S	C	I	P	L	E	S	P	N	S	M	Y	G	W	J	T
RIGHTEOUS	Z	K	X	N	M	B	J	Q	A	Z	X	H	U	X	H	M	I	H
REPENTANCE	W	P	H	Y	S	I	C	I	A	N	V	O	G	W	H	E	Y	E
	U	L	T	A	X	C	O	L	L	E	C	T	O	R	P	F	U	W
	R	E	P	E	N	T	A	N	C	E	K	K	K	H	L	N	A	J
	I	X	C	A	K	U	Y	P	E	N	Q	U	N	G	N	Z	E	C

39. MATTHEW 9:14–17 JESUS IS QUESTIONED ABOUT FASTING

Then came to Him the disciples of John, saying, Why do we and the Pharisees fast often, but Your disciples fast not? And Jesus said to them, Can the children of the bridechamber mourn, as long as the bridegroom is with them? but the days will come, when the bridegroom shall be taken from them, and then shall they fast. No man puts a piece of new cloth to an old garment, for that which is put in to fill it up takes from the garment, and the rent is made worse. Neither do men put new wine into old bottles: else the bottles break, and the wine runs out, and the bottles perish: but they put new wine into new bottles, and both are preserved.

```
A K Y V D F A S T I N G I U T Y
A H Y A C U O S H R K Q N Z A B
C O D Q A K L B K O O Y E Z K R
T H T N C W D M B N A R W D E I
P Z I R L Y G O S E E K W Z N D
G X O L G I A U J W Y R I J A E
W R F C D O R R E C U E N D W C
I F O X K R M N R L Y P E X A H
V P L O G N E G F O Y L T R Y A
P C B Q M F N N P T A Y Q E V M
B E U Z F T T R X H U H S N W B
H U R O P R E S E R V E D T S E
X L M I X I Y A B O T T L E S R
E W X L S F K V F Z I K W B O L
C R P N E H W S R R K V U N Q X
D A Y S W I L L C O M E A L T N
```

FASTING
CHILDREN
BRIDECHAMBER
MOURN
GROOM
DAYS WILL COME
TAKEN AWAY
NEW CLOTH
OLD GARMENT
RENT
NEW WINE
BOTTLES
PERISH
PRESERVED

And when Jesus was passed over again by ship to the other side, many people gathered to Him: and He was near to the sea. And, behold, there came one of the rulers of the synagogue, Jairus by name; and when he saw Him, he fell at His feet, And besought Him greatly, saying, My little daughter lies at the point of death: *I pray You*, come and lay Your hands on her, that she may be healed; and she shall live. And *Jesus* went with him; and many people followed Him, and thronged Him. And a certain woman, which had an issue of blood twelve years, And had suffered many things of many physicians, and had spent all that she had, and was nothing bettered, but rather grew worse, When she had heard of Jesus, came in the press behind, and touched His garment. For she said, If I may touch but His clothes, I shall be whole. And immediately the fountain of her blood was dried up; and she felt in *her* body that she was healed of that plague. And Jesus, immediately knowing in Himself that virtue had gone out of Him, turned Him about in the press, and said, Who touched My clothes? And His disciples said to Him, You see the multitude thronging You, and say You, Who touched Me? And He looked round about to see her that had done this thing. But the woman fearing and trembling, knowing what was done in her, came and fell down before Him, and told Him all the truth. And He said to her, Daughter, your faith has made you whole; go in peace, and be whole of your plague. While He yet spoke, there came from the ruler of the synagogue's *house certain* which said, Your daughter is dead: why trouble you the Master any further? As soon as Jesus heard the word that was spoken, He said to the ruler of the synagogue, Be not afraid, only believe. And He allowed no man to follow Him, save Peter, and James, and John the brother of James. And He came to the house of the ruler of the synagogue, and saw the tumult, and them that wept and wailed greatly. And when He was come in, He said to them, Why make you this ado, and weep? the damsel is not dead, but sleeps. And they laughed Him to scorn. But when He had put them all out, He took the father and the mother of the damsel, and them that were with Him, and entered in where the damsel was lying. And He took the damsel by the hand, and said to her, Talitha cumi; which is, being interpreted, Damsel, I say to you, arise. And immediately the damsel arose, and walked; for she was *of the age* of twelve years. And they were astonished with a great astonishment. And He charged them straitly that no man should know it; and commanded that something should be given her to eat.

```
J P O I N T O F D E A T H N A Y D U J C
T A R J O F E K Y H Q S O W S G H A H Z
X W I E Z K V S J V D O E A T E Z L P B
P N K R G R E W W O R S E E R Q K W R M
K O M Q U L E G Z G S P R J W I E J E F
O T O V B S D A M S E L A W O C S P S C
P D W O I Z B V Y P K B K Y M E N E S B
P E W N K S J G S L F T B Y A P B J A E
H A S L W J S Z I N J P O O N L E K R S
Y D M Y N M Q U I V U N S H H U N F O O
S I D B O P T B E T O U C H E D O L U U
I L G E V D D A P O V H C Q A D T L N G
C E B L T H K V H N F F L I L M A A D H
I C J I T V C N C C D B G N E D F Y H T
A J J E H Q X K J W Z Z L A D B R H I K
N Y Z V V I T A L I T H A O X E A A M E
S V F E N G A R M E N T Y Q O W I N J T
M T H R O N G I N G Y O I Z Q D D D P F
R R K P A S L E E P P E A C X Z J S D D
X R E S T O R E D T O L I F E C W O P E
```

BESOUGHT   POINT OF DEATH   GREW WORSE   BE NOT AFRAID   ARISE

JAIRUS   LAY HANDS   TOUCHED   ONLY BELIEVE   NOT DEAD

WOMAN HEALED   ISSUE OF BLOOD   GARMENT   DAMSEL   ASLEEP

RESTORED TO LIFE   PHYSICIANS   THRONGING   TALITHA   PRESS AROUND HIM

41. MATTHEW 10:1–4 THE TWELVE APOSTLES

And when He had called to *Him* His twelve disciples, He gave them power *against* unclean spirits, to cast them out, and to heal all manner of sickness and all manner of disease. Now the names of the twelve apostles are these; The first, Simon, who is called Peter, and Andrew his brother; James *the son* of Zebedee, and John his brother; Philip, and Bartholomew; Thomas, and Matthew the publican; James *the son* of Alphaeus, and Lebbaeus, whose surname was Thaddaeus; Simon the Canaanite, and Judas Iscariot, who also betrayed Him.

MATTHEW 10:5–14 SENDING OUT THE TWELVE

These twelve Jesus sent forth, and commanded them, saying, Go not into the way of the Gentiles, and into *any* city of the Samaritans enter you not: But go rather to the lost sheep of the house of Israel. And as you go, preach, saying, The kingdom of heaven is at hand. Heal the sick, cleanse the lepers, raise the dead, cast out devils: freely you have received, freely give. Provide neither gold, nor silver, nor brass in your purses, Nor scrip for *your* journey, neither two coats, neither shoes, nor yet staves: for the workman is worthy of his meat. And into whatsoever city or town you shall enter, inquire who in it is worthy; and there abide till you go from there. And when you come into a house, salute it. And if the house be worthy, let your peace come upon it: but if it be not worthy, let your peace return to you. And whosoever shall not receive you, nor hear your words, when you depart out of that house or city, shake off the dust of your feet.

```
H S A N D U F U Y M J I H A L M C T V E
U K I T T B E R C W H O H O E C Z U H Q
Q N I L F O C J I Z E U H F E V G I L T
H D J N G R Y S O W C V R N E O F O C H
R O X A G U E C M D H R D W M N W L L O
D H U P M D I E S A L U T E I T G C O M
J S N S F E O N L N V Q S D Q Z X X S A
P L E N E Q S M U Y T J Y I G J P W T S
F N T N K O I K A O R C C P M L W J S W
D B B A T C F Z I T T E T W W O S J H F
H P M N U F D I B O H I C R F K N U E S
J X S D K E O K S T E A M E M K E D E A
E P S R F L N R R R M S N F I P M A P P
E H R E Z R C B T G A G K D Y V C S V E
W I T W E L R Y W H W E T G F G E D F A
D L M P B Z P E T E R E L B O H Q D S C
I I V K X B A R T H O L O M E W G H A E
M P I B U W D W A V B H M A T T H E W S
O J E K V A E X R K C V Y K I A B H V I
W T H A D D E U S O H F K Q N A R Q W X
```

SIMON	PETER	ANDREW	JAMES	JOHN
PHILIP	BARTHOLOMEW	THOMAS	MATTHEW	LOST SHEEP
THADDEUS	PEACE	JUDAS	SENT FORTH	SALUTE IT
HOUSE OF ISRAEL	KINGDOM AT HAND	FREELY RECEIVED		

He that receives you receives Me, and he that receives Me receives Him that sent Me. He that receives a prophet in the name of a prophet shall receive a prophet's reward; and he that receives a righteous man in the name of a righteous man shall receive a righteous man's reward. And whosoever shall give to drink to one of these little ones a cup of cold *water* only in the name of a disciple, verily I say to you, he shall in no wise lose his reward.

COLD WATER
RECEIVE
SENT ME
PROPHET
REWARD
RIGHTEOUS
DRINK
LITTLE ONES
IN HIS NAME
WILL NOT LOSE

```
I V W I L L N O T L O S E B
S A G Y I W I D R I N K R W
S H I F Z N S I S N D R E F
P U Z C T Z H Y K T R E C S
Z R U W O N I I U S S S E B
V D O O V L J M S B Q R I U
U Y K P X R D V I N X C V B
Z E J J H J Y W F T A A E S
U N M L P E V G A J T M L E
F Z M H D F T I K T F M E N
G M C U T J D H S T E N T T
R I G H T E O U S M Q R J M
K L I T T L E O N E S Z O E
C L R E W A R D Q Y T D W G
```

And one of the Pharisees desired Him that He would eat with him. And He went into the Pharisee's house, and sat down to meat. And, behold, a woman in the city, which was a sinner, when she knew that *Jesus* sat at meat in the Pharisee's house, brought an alabaster box of ointment, And stood at His feet behind *Him* weeping, and began to wash His feet with tears, and did wipe *them* with the hairs of her head, and kissed His feet, and anointed *them* with the ointment. Now when the Pharisee which had bidden Him saw *it*, he spoke within himself, saying, This man, if He were a prophet, would have known who and what manner of woman *this is* that touches Him: for she is a sinner. And Jesus answering said to him, Simon, I have somewhat to say to you. And he says, Master, say on. There was a certain creditor which had two debtors: the one owed five hundred pence, and the other fifty. And when they had nothing to pay, he frankly forgave them both. Tell me therefore, which of them will love him most? Simon answered and said, I suppose that *he*, to whom he forgave most. And He said to him, You have rightly judged. And He turned to the woman, and said to Simon, See you this woman? I entered into your house, you gave Me no water for My feet: but she has washed My feet with tears, and wiped *them* with the hairs of her head. You gave Me no kiss: but this woman since the time I came in has not ceased to kiss My feet. My head with oil you did not anoint: but this woman has anointed My feet with ointment. Wherefore I say to you, Her sins, which are many, are forgiven; for she loved much: but to whom little is forgiven, *the same* loves little. And He said to her, Your sins are forgiven. And they that sat at meat with Him began to say within themselves, Who is this that forgives sins also? And He said to the woman, Your faith has saved you; go in peace.

```
I C L E Q G C R E D I T O R M J G M A N
G A I K G T I U E G X Q J K Z C B P L B
N U Z H A I R O F H E R H E A D J S A V
Q H W X D D K O F I F T Y P E N C E B G
U T E L A I O I W W L Y S D P F T Q A T
Z E E K N I R H R O M V F L W I L Q S W
V A P N O I S F W Z K P F T H T P B T A
M R I C I O S K S S Y W U L D C Z U E S
O S N X N V N T V A U S F C G X S V R H
I Y G H T S O V T V H P H G U P L R L H
N K K M E I P D W E Q L S I N N E R U I
T P W Q D X O T Y D R H Q S W O W N N S
M T L I T T L E F O R G I V E N G S O F
E W O M A N I N T H E C I T Y L Y V S E
N R C W J V C H L L N V P K N L Q S N E
T T W F I V E H U N D R E D L F R P O T
A D L L Q H L X H M F T J C V L U U W M
V N E W L I G O I N P E A C E J R U E B
R M O I O J Y H Z N F X K I S S E D D O
T M Y H X U C T L O V E M O S T U J P H
```

SINNER   WEEPING   KISSED   FIVE HUNDRED   GO IN PEACE
ALABASTER   WASH HIS FEET   ANOINTED   FIFTY PENCE   SAVED
OINTMENT   TEARS   CREDITOR   LOVE MOST   OWED
WOMAN IN THE CITY HAIR OF HER HEAD LITTLE FORGIVEN

And, behold, a certain lawyer stood up, and tempted Him, saying, Master, what shall I do to inherit eternal life? He said to him, What is written in the law? how read you? And he answering said, You shall love the Lord your God with all your heart, and with all your soul, and with all your strength, and with all your mind; and your neighbor as yourself. And He said to him, You have answered right: this do, and you shall live, But he, willing to justify himself, said to Jesus, And who is my neighbor? And Jesus answering said, A certain *man* went down from Jerusalem to Jericho, and fell among thieves, which stripped him of his raiment, and wounded *him*, and departed, leaving *him* half dead. And by chance there came down a certain priest that way: and when he saw him, he passed by on the other side. And likewise a Levite, when he was at the place, came and looked *on him*, and passed by on the other side. But a certain Samaritan, as he journeyed, came where he was: and when he saw him, he had compassion *on him*, And went to *him*, and bound up his wounds, pouring in oil and wine, and set him on his own beast, and brought him to an inn, and took care of him. And on the morrow when he departed, he took out two pence, and gave *them* to the host, and said to him, Take care of him; and whatsoever you spend more, when I come again, I will repay you. Which now of these three, think you, was neighbor to him that fell among the thieves? And he said, He that showed mercy on him. Then said Jesus to him, Go, and do you likewise.

ETERNAL LIFE	ALL YOUR HEART	NEIGHBOR	JERUSALEM	THIEVES
LOVE THE LORD	MIND	CERTAIN MAN	JERICHO	WOUNDED
DEPARTED	HALF DEAD	PRIEST	LEVITE	SAMARITAN
COMPASSION	BOUND UP	OIL AND WINE	TWO PENCE	SHOW MERCY

```
T N E O E T B M E P K G V T Z J N H D J
K T M R Y I W U Z Y Y E H N W V L A H A
C O O D R T D E P A R T E D N R O L A L
U O L K W I O I L A N D W I N E D L L W
G T M H U Q A M B X G C P B E U R Y F T
K C L P J Z V B G U Y W M I C S Z O D M
O E H O A P G H R I N F S Q R L J U E O
Y R X I V S N E I G H B O R E Y G R A W
J T L R Q E S O E Q J V S B T S R H D O
P A R R A A T I A B F R G O E A V E G U
R I J E R I C H O R I Z J U R M Y A Z N
I N T H Z K D L E N C D O N N A Q R D D
E M Z U N M G Q P L C F U D A R S T D E
S A H I Z B O Z C X O W S U L I S L D D
T N T H I E V E S H C R B P L T V Q K U
V W R L X M X Q E O J M D Y I A K I P L
B C O F F W K L E V I T E R F N V U M Q
D K S H O W M E R C Y Y C G E H V G R W
X J E R U S A L E M N Y J C K X Q D J C
T W O P E N C E D S W U O V Q M I N D L
```

57

45. LUKE 10:38–42 MARY AND MARTHA WORSHIP AND SERVE

Now it came to pass, as they went, that He entered into a certain village: and a certain woman named Martha received Him into her house. And she had a sister called Mary, which also sat at Jesus' feet, and heard His word. But Martha was cumbered about much serving, and came to Him, and said, Lord, do You not care that my sister has left me to serve alone? bid her therefore that she help me. And Jesus answered and said to her, Martha, Martha, you are careful and troubled about many things: But one thing is needful: and Mary has chosen that good part, which shall not be taken away from her.

```
W Q Q D M W C O T H D Y M E G A A C      CERTAIN VILLAGE
K P M T X Y H S F E B D U M E X T C             MARTHA
Z C F Y C V O E K A I H C C B E H E           RECEIVED
O X J S V P S R Q R D Q H L G X I R        SISTER MARY
G G A E K M E V I D H L S Y J D S T         AT HIS FEET
C N A I W T N E G H E V E H B A F A      HEARD HIS WORD
D L F N V Y G A G I R X R U S V E I          CUMBERED
U M Q K C G O L L S R M V L A T E N      MUCH SERVING
Q P N W H W O O L W Z E I T N R T V       SERVE ALONE
U B G G E N D N O O I G N L W O E I           BID HER
D J G T L S G E I R C Z G G U U H L           HELP ME
Q X B N P D B O G D T M I Y G B F L           CAREFUL
S G L T M P V O O D J J A O E L I A          TROUBLED
W J C I E S I S T E R M A R Y E A G       CHOSEN GOOD
R E C I E V E D K T H J K I T D A E        TAKEN AWAY
U H C U M B E R E D K T J D D H I C
C A R E F U L H C P P P A X J C A L
J U P G T A K E N A W A Y K I O D S
```

Now a certain *man* was sick, *named* Lazarus, of Bethany, the town of Mary and her sister Martha. (It was *that* Mary which anointed the Lord with ointment, and wiped His feet with her hair, whose brother Lazarus was sick.) Therefore his sisters sent to Him, saying, Lord, behold, he whom You love is sick. When Jesus heard *that*, He said, This sickness is not to death, but for the glory of God, that the Son of God might be glorified thereby. Now Jesus loved Martha, and her sister, and Lazarus. When He had heard therefore that he was sick, He abode two days still in the same place where He was. Then after that said He to *His* disciples, Let us go into Judaea again. *His* disciples said to Him, Master, the Jews of late sought to stone You; and go You there again? Jesus answered, Are there not twelve hours in the day? If any man walk in the day, he stumbles not, because he sees the light of this world. But if a man walk in the night, he stumbles, because there is no light in him. These things said He: and after that He said to them, Our friend Lazarus sleeps; but I go, that I may awake him out of sleep. Then said His disciples, Lord, if he sleep, he shall do well. However Jesus spoke of his death: but they thought that He had spoken of taking of rest in sleep. Then said Jesus to them plainly, Lazarus is dead. And I am glad for your sakes that I was not there, to the intent you may believe; nevertheless let us go to him. Then said Thomas, which is called Didymus, to his fellow disciples, Let us also go, that we may die with Him.

```
D D E A D U G A C B I B Z S F J
R J U D R Y L W L A Z A R U S U
G A Z U S Q O A W B H Z F R B M
T T K G H N R K J B I W C G E S
B E T H A N Y E J Y U P T L L D
H E H Y Y C O N I O T Z W X I A
N E H Q V T F H G K G R O Q E R
I Q Y O Y Q G I G B I S D S V J
Q K K O L Q O M W A T A A J E N
W D C D U D D Y E X X H Y L L A
H L A W O L V T R U A M S L G U
C B F O R Y O U R S A K E S N Z
T O D E A T H V A B O D E S O Q
M L Q G Q L O B E A V Y F W B B
Y P F S I C K N E S S D Q T K F
L O U T O F S L E E P O Z M D K
```

LAZARUS	BETHANY	BEHOLD	HE YOU LOVE	SICKNESS
TO DEATH	GLORY OF GOD	ABODE	TWO DAYS	AWAKEN HIM
OUT OF SLEEP	DEAD	BELIEVE	FOR YOUR SAKES	

47. JOHN 11:17–27 I AM THE RESURRECTION AND THE LIFE

Then when Jesus came, He found that he had *lain* in the grave four days already. Now Bethany was near to Jerusalem, about fifteen furlongs off: And many of the Jews came to Martha and Mary, to comfort them concerning their brother. Then Martha, as soon as she heard that Jesus was coming, went and met Him: but Mary sat *still* in the house. Then said Martha to Jesus, Lord, if You had been here, my brother had not died. But I know, that even now, whatsoever You will ask of God, God will give *it* You. Jesus said to her, Your brother shall rise again. Martha said to Him, I know that he shall rise again in the resurrection at the last day. Jesus said to her, I am the resurrection, and the life: he that believes in Me, though he were dead, yet shall he live: And whosoever lives and believes in Me shall never die. Believe you this? She said to him, Yea, Lord: I believe that You are the Christ, the Son of God, which should come into the world.

```
K V E C E U Z C R Q I X P N K L S R
X J U P C J V X Z W N T V W F U P K          LAIN
B F O U R D A Y S X T Z F H Y L G I          IN THE GRAVE
R S T A Z B R I I M O T B A E S V B          FOUR DAYS
O B M A D V R B N L T F D T T V N E          BETHANY
T E I N U V N G T B H Q W E S G W L          COMFORT THEM
H T W F S S V F H P E J P V H T R I          BROTHER
E H S D H T S A E E W S H E A Y I E          WHATEVER YOU ASK
R A W Y L F Y M G Z O S E R L K S V          RISE AGAIN
A N F S A H B Y R I R L A Y L P E E          RESURRECTION
X Y R V I R H B A D L Z O O L C A S          THE LIFE
Y G U B N Y M O V G D Z W U I Q G H          THOUGH DEAD
G T H O U G H D E A D Z J A V Z A A          YET SHALL LIVE
Q T Q Q E B L A Y D A A Q S E T I N          BELIEVES
R E S U R R E C T I O N B K B C N Z          CHRIST
N E Y T A L C J C H I R S T S U U Z          INTO THE WORLD
Q J K M Z Q X T H E L I F E T H V B
U E D I D F C O M F O R T T H E M K
```

48. JOHN 11:28–37 JESUS AND DEATH, THE LAST ENEMY

And when she had so said, she went her way, and called Mary her sister secretly, saying, The Master is come, and calls for you. As soon as she heard *that*, she arose quickly, and came to Him. Now Jesus was not yet come into the town, but was in that place where Martha met Him. The Jews then which were with her in the house, and comforted her, when they saw Mary, that she rose up hastily and went out, followed her, saying, She goes to the grave to weep there. Then when Mary was come where Jesus was, and saw Him, she fell down at His feet, saying to Him, Lord, if You had been here, my brother had not died. When Jesus therefore saw her weeping, and the Jews also weeping which came with her, He groaned in the spirit, and was troubled. And said, Where have you laid him? They said to Him, Lord, come and see. Jesus wept. Then said the Jews, Behold how He loved him! And some of them said, Could not this man, which opened the eyes of the blind, have caused that even this man should not have died?

JOHN 11:38–44 LAZARUS RAISED FROM THE DEAD

Jesus therefore again groaning in Himself came to the grave. It was a cave, and a stone lay upon it. Jesus said, Take you away the stone. Martha, the sister of him that was dead, said to Him, Lord, by this time he stinks: for he has been *dead* four days. Jesus said to her, Said I not to you, that, if you would believe, you should see the glory of God? Then they took away the stone *from the place* where the dead was laid. And Jesus lifted up *His* eyes, and said, Father, I thank You that You have heard Me. And I knew that You hear Me always: but because of the people which stand by I said *it*, that they may believe that You have sent Me. And when He thus had spoken, He cried with a loud voice, Lazarus, come forth. And he that was dead came forth, bound hand and foot with grave clothes: and his face was bound about with a napkin. Jesus says to them, Loose him, and let him go.

```
X Y T H A N K Y O U O R P J C Y E L J L
G R A V E C L O T H E S G A M T Y T E N
Z N L I R L Z Z F L A R R Y J S V H S Y
Y G I O U D V J A O E R X U M A Q X U A
X B O U N D C S T O E G H T A M C P S R
D N M Z A L U T H S P N C T S S T Z W O
I W U Y J B V V E E V Y O O T Y A V E S
G R O A N E D V R H G G M J E Y K Y P E
Z Z C D Q Q D V V I E S F X R V E T T Q
J Y I P R C Y J L M V P O N I L A A D U
T H E S T O N E U I J T R A S C W L Y I
S E N T M E A D Z M C D T P C M A L P C
B Z I B J E H E L A D S E K O D Y O A K
D F W C O M E F O R T H D I M R Y V C L
U U V S P A I G L F Y K Q N E I Y E Y Y
W M W K X M Q Q P N F V Y J E B Z H F T
M A D P H A N D A N D F O O T V H I J E
G H J U B E L I E V E A N D S E E M U G
J M F M Z Z J V R T G A L W A Y S H Y K
O H R F T J H E A R D M E M I H P W H T
```

MASTER IS COME	LOVE HIM	BELIEVE AND SEE	ALWAYS	HAND AND FOOT
AROSE QUICKLY	TAKE AWAY	FATHER	SENT ME	GRAVE CLOTHES
COMFORTED	GROANED	THANK YOU	COME FORTH	NAPKIN
JESUS WEPT	THE STONE	HEARD ME	BOUND	LOOSE HIM

49. LUKE 11:5–8 A FRIEND COMES AT MIDNIGHT

And He said to them, Which of you shall have a friend, and shall go to him at midnight, and say to him, Friend, lend me three loaves; For a friend of mine in his journey is come to me, and I have nothing to set before him? And he from within shall answer and say, Trouble me not: the door is now shut, and my children are with me in bed; I cannot rise and give you. I say to you, Though he will not rise and give him, because he is his friend, yet because of his importunity he will rise and give him as many as he needs.

```
Q K H Z N J L J P G I S Z Z Q D Q A        FRIEND
F A V O G V I Q M F I N G A D M G N        MIDNIGHT
D B D C N V D M L L N V B L M O U S        THREE LOAVES
Y O N Y L T M I P I U U E E X M F W        JOURNEY
P S O U E B R D H O F J W Y D N Z E        NOTHING
H R T R I J Q N B P R Z W T O O K R        WITHIN
W Z H P S P G I Q J S T B H N U R P        ANSWER
Y X I Q V H W G K S F P U P Q V Z Q        TROUBLE ME NOT
S N N S D L U H M U J E I N Y X M B        DOOR SHUT
V H G T V Q P T V S I M F A I S Y D        CHILDREN
P L B E W A V C H I L D R E N T Q O        IN BED
E E I H C H X S Z X W T S Z X W Y W        CANNOT RISE
T H R E E L O A V E S O T Z W H A I        GIVE YOU
C A N N O T R I S E J O U R N E Y T        IMPORTUNITY
Z W X R D K F G F R I E N D I Q D H        NEEDS
Q P O I G K J K M T Z N O L F H K I
N T R O U B L E M E N O T G F J V N
X W U X C Q H J N E E D S O R G D D
```

50. MATTHEW 11:25–30 JESUS GIVES TRUE REST

At that time Jesus answered and said, I thank You, O Father, Lord of heaven and earth, because You have hidden these things from the wise and prudent, and have revealed them to babes. Even so, Father: for so it seemed good in Your sight. All things are delivered to Me of My Father: and no man knows the Son, but the Father; neither knows any man the Father, save the Son, and *he* to whomsoever the Son will reveal *Him*. Come to Me, all *you* that labor and are heavy laden, and I will give you rest. Take My yoke upon you, and learn of Me; for I am meek and lowly in heart: and you shall find rest to your souls. For My yoke *is* easy, and My burden is light.

THANK YOU

O FATHER

LORD OF HEAVEN

HIDDEN

WISE AND PRUDENT

REVEALED

BABES

YOUR SIGHT

DELIVERED

LABOR

HEAVY LADEN

GIVE REST

LEARN OF ME

MEEK AND LOWLY

YOUR SOUL

EASY YOKE

LIGHT

BURDEN

```
S Z V R B E D H A T D X T L U H O O R K
P N R M O M Y F R D Z M S X L Y F G C Z
U K B E J R O W G D W I R M O A A D T T
S L W E O E U K S K I E I O R U T M H H
T E H K L V R X U Q S G E Q D N H M A M
E A I A D E S K Y L E S Z A O D E V N Q
A R D N K A O Q T Z A W V H F F R N K G
S N D D E L U E M L N K P G H T E T Y D
Y O E L X E L Q Y I D M K E E D F C O E
Y F N O G D R Z O G P D H Q A U R Z U L
O M E W V Q E P U H R T A K V V A G J I
K E M L S G K F R T U X W H E R Y M S V
E W K Y S F F X S J D P Q R N E S Q J E
B W C X K M F U I Z E A I G J R E Q L R
C F R T T K M G G Q N V V F C Z S Q R E
L A B O R M W P H C T O H L B A B E S D
P D T S D X D Z T T F L I M E H Z X S H
D U K L U U R Q L G J G I V E R E S T W
N F F O H E A V Y L A D E N K P W W Y I
R B U R D E N A B J U X Q K R V F S B H
```

51. MATTHEW 13:1–9 THE PARABLE OF THE SOWER

The same day went Jesus out of the house, and sat by the sea side. And great multitudes were gathered together to Him, so that He went into a ship, and sat; and the whole multitude stood on the shore. And He spoke many things to them in parables, saying, Behold, a sower went forth to sow; And when he sowed, some *seeds* fell by the way side, and the fowls came and devoured them up: Some fell upon stony places, where they had not much earth: and immediately they sprung up, because they had no deepness of earth: And when the sun was up, they were scorched; and because they had no root, they withered away. And some fell among thorns; and the thorns sprung up, and choked them: But other fell into good ground, and brought forth fruit, some a hundredfold, some sixtyfold, some thirtyfold. Who has ears to hear, let him hear.

```
W G S T I U C O G W N T M Y X O G L R C
G Y W T H P D F N V U E P S O W E R L H
I Y X D O O Z E J T F M J M R P K D A U
Z B X S J N R I V T H H C H O K E D R P
V K S V P R Y N J O J E A N L V X Z H S
R S P X W R N P S S U A S M E O N A U L
X D A E E A U X L V I R M H W O Y E N S
D P R T N Q N N Q A U C E G O C Z D D E
X S A L T R P U G W C B M D H R Z N R A
C C B H F J W D K U R E X Y U T E O E S
Y O L H O L N J M C P J S V V W R R D I
L R E Z R B I A N G T C O Z O O D O F D
E C S G T N O M X X T Q K O N B E O O E
U H I T H B U U Y O G Z R X T P O T L Q
N E D E E P N E S S O F E A R T H T D G
P D B R O U G H T F O R T H F R U I T Z
H I H W Z G W U R W W A Y S I D E C J M
S E E D S F E L L G O O D G R O U N D J
A X M J M U L T I T U D E S F O W L S O
Y J E T K W C Q F F R O H I Z E D A K J
```

SEASIDE
MULTITUDES
ON THE SHORE
PARABLES
SOWER
WENT FORTH
SEEDS FELL
WAYSIDE
FOWLS
DEVOURED
STONY PLACES
SPRUNG UP
DEEPNESS OF EARTH
SCORCHED
NO ROOT
THORNS
CHOKED
GOOD GROUND
BROUGHT FORTH FRUIT
HUNDREDFOLD

52. MATTHEW 13:18–23
THE PARABLE OF THE SOWER EXPLAINED

Hear you therefore the parable of the sower. When any one hears the word of the kingdom, and understands *it* not, then comes the wicked *one*, and catches away that which was sown in his heart. This is he which received seed by the way side. But he that received the seed into stony places, the same is he that hears the word, and anon with joy receives it; Yet has he not root in himself, but endures for a while: for when tribulation or persecution arises because of the word, by and by he is offended. He also that received seed among the thorns is he that hears the word; and the care of this world, and the deceitfulness of riches, chokes the word, and he becomes unfruitful. But he that received seed into the good ground is he that hears the word, and understands *it*; which also bears fruit, and brings forth, some a hundredfold, some sixty, some thirty.

```
D S Q I W A Y S I D E C J O H R G T      HEAR THE WORD
R D O F R I C H E S D A W F G K P M
Z B O S L E A S H V F R U T S W P I      OF THE KINGDOM
B R N E W E P R J V P E C H I J C C      DOESN'T UNDERSTAND
R E O A S C C D T Y M O C E T Z W A
I C X D E N D U R E S F P K M T H T      WICKED ONE
N E S N C T T X G M W T F I J Q E C      CATCHES AWAY
G I M R F Y M U A P B H Y N O Z A H      RECEIVED
F V A V D R G B N A Q E E G C X R E      WAYSIDE
O E N J Y Z V I L D X W N D V U T S      ENDURES
R D U O O R T R T X E O K O G J H A      OFFENDED
T Q N B I Y G L D M I R K M V A E W      CARE OF THE WORLD
H Y O G M L X I M D E L S R C W W A      DECEITFULNESS
A L W J T K C R Y D Z D P T W P O Y      OF RICHES
K A X O U N F R U I T F U L A Y R A      UNFRUITFUL
D E C E I T F U L N E S S W V N D C      BRING FORTH
K B U M D R G J C O F F E N D E D H
D M W I C K E D O N E Q T N E E V W
```

53. MATTHEW 13:10–17 THE PURPOSE OF PARABLES

And the disciples came, and said to Him, Why speak You to them in parables? He answered and said to them, Because it is given to you to know the mysteries of the kingdom of heaven, but to them it is not given. For whosoever has, to him shall be given, and he shall have more abundance: but whosoever has not, from him shall be taken away even that he has. Therefore speak I to them in parables: because they seeing see not; and hearing they hear not, neither do they understand. And in them is fulfilled the prophecy of Isaiah, which says, By hearing you shall hear, and shall not understand; and seeing you shall see, and shall not perceive: For this people's heart is waxed gross, and *their ears* are dull of hearing, and their eyes they have closed; lest at any time they should see with *their* eyes, and hear with *their* ears, and should understand with *their* heart, and should be converted, and I should heal them. But blessed *are* your eyes, for they see: and your ears, for they hear. For verily I say to you, That many prophets and righteous *men* have desired to see *those things* which you see, and have not seen *them*; and to hear *those things* which you hear, and have not heard *them*.

```
B K G H T Y O P S E E N O T B X M S B L        WHY SPEAK
R F Z D C T C P E Z Z C H I V Y W V N S          IN PARABLES
D N K S P P V T R R P B G E H H H F W E          GIVEN TO YOU
O E R G H G V C I O C J E H A S N I X E          MYSTERIES
G A S L I A G S P C P E G R J R B A H I          WHOSOEVER HAS
T F B I Y V S W W B P H I R I X N C O N          HAVE MORE
C O Z U R Q E N H X G M E V N A G O K G          ABUNDANCE
Y T S M N E S N O O J K Y T E C R F T R          HAS NOT
J K R E O D D P T T S R H C S V K C F H          TAKEN WAY
V O X L E N A U Z O Z O I O B S N T R E          SEEING
R I Q V C A G N H V Y T E N M E Z A N A          SEE NOT
U W Z U G M N U C M R O M V D M U K N L          HEARING
A V T D A Z G D N E V N U E E S Q E R T          HEAR NOT
A Y L I D L E S H Y T X Q R N R L N Q H          UNDERSTAND
L T H E A R I N G E F R A T Q O H W T E          PERCEIVE
Y W F H W H Y S P E A K F E T C K A B M          CONVERTED
F F J H A V E M O R E R Y D K D C Y S S          HEAL THEM
T I A N J V I C L Q M Y S T E R I E S Q          PROPHETS
T H X X H I N P A R A B L E S W E S Y A          DESIRED
N F C F U N D E R S T A N D T Y Q S Q Y          TO SEE AND HEAR
```

68

54. MATTHEW 13:24-30
THE PARABLE OF THE WHEAT AND THE TARES

Another parable put He forth to them, saying, The kingdom of heaven is likened to a man which sowed good seed in his field: But while men slept, his enemy came and sowed tares among the wheat, and went his way. But when the blade was sprung up, and brought forth fruit, then appeared the tares also. So the servants of the householder came and said to him, Sir, did not you sow good seed in your field? from where then has it tares? He said to them, An enemy has done this. The servants said to him, Will you then that we go and gather them up? But he said, Nay; lest while you gather up the tares, you root up also the wheat with them. Let both grow together until the harvest: and in the time of harvest I will say to the reapers, Gather you together first the tares, and bind them in bundles to burn them: but gather the wheat into my barn.

MATTHEW 13:36-43 THE PARABLE OF THE TARES EXPLAINED

Then Jesus sent the multitude away, and went into the house: and His disciples came to Him, saying, Declare to us the parable of the tares of the field. He answered and said to them, He that sows the good seed is the Son of Man; The field is the world; the good seed are the children of the kingdom; but the tares are the children of the wicked *one*; The enemy that sowed them is the devil; the harvest is the end of the world; and the reapers are the angels. As therefore the tares are gathered and burned in the fire; so shall it be in the end of this world. The Son of Man shall send forth His angels, and they shall gather out of His kingdom all things that offend, and them which do iniquity; And shall cast them into a furnace of fire: there shall be wailing and gnashing of teeth. Then shall the righteous shine forth as the sun in the kingdom of their Father. Who has ears to hear, let him hear.

```
H M P X Y F E Z F O C O P X X E K T I D
B U L U Z Y N I Z F J T X Z R G I E M D
U X R V T Q R Y J L E I P G R B N E A V
N U H M H F Z H A A N M Y X N W G A N E
D P J A Y R O G B D D E G T W H D Z W F
L R O F R M T R P T O X W C R B O G H P
E Q C S D V O B T T F F E G T R M Z O Y
S K B Z P W E Z U H T A I Z U O O A S M
G T R C I R H S U Q H N J S Y U F Q O B
I O M E F X I E T Q E G R O D G H B W D
G Z O N A M D N A J W E Q D T H E Z S E
B P F D C P K I G T O L J P O T A A T X
Y H C C S A E P F V R S O A G F V X A Y
G R X A J E V R V Z L R T E E O E K R D
R R G J Y R E F S B D L T D T R N C E Z
D C O G W Y O D W L G P B A H T V H S K
B I M W T M P O U A I P M U E H V R Z N
Z G A T H E R D T D G I B D R T T M B O
P S O C Z I K F K E L Q O C A L J Z U F
M N E N E M Y S V I C C E M A C Q F X Q
```

PUT FORTH	ENEMY	BLADE	TOGETHER	GATHER
MAN WHO SOWS	TARES	SPRING	HARVEST	BUNDLES
GOOD SEED	WHEAT	GROW	TIME	ANGELS
KINGDOM OF HEAVEN	ROOT	BROUGHT FORTH	REAPERS	END OF THE WORLD

55. MARK 4:26-29 THE PARABLE OF THE GROWING SEED

And He said, So is the kingdom of God, as if a man should cast seed into the ground; And should sleep, and rise night and day, and the seed should spring and grow up, he knows not how. For the earth brings forth fruit of itself; first the blade, then the ear, after that the full corn in the ear. But when the fruit is brought forth, immediately he puts in the sickle, because the harvest is come.

MATTHEW 13:31-32 THE PARABLE OF THE MUSTARD SEED

Another parable put He forth to them, saying, The kingdom of heaven is like to a grain of mustard seed, which a man took, and sowed in his field: Which indeed is the least of all seeds: but when it is grown, it is the greatest among herbs, and becomes a tree, so that the birds of the air come and lodge in the branches thereof.

CAST SEED

INTO THE GROUND

SLEEP

NIGHT AND DAY

SPRING UP

AND GROW

KNOWS NOT HOW

EARTH

BRINGS FORTH

SICKLE

HARVEST

IS COME

MUSTARD

LEAST OF ALL

GROWN

GREATEST

HERBS

TREE

BIRDS OF THE AIR

LODGE

```
T C A K N U C O H M R T W O J X W S C A
S K R P U K T Z S L E E P S E N Q P A Q
C L B R I N G S F O R T H W A I W R N E
K A O C W B K Z S I C K L E R G L I D Z
N H S D G Q G H O O K N Z K T H A N G V
Y K X T H A R V E S T F I Z H T L G R N
K N O W S N O T H O W S L Z E A Y U O V
W T G X H E U Y O G T T G W Z N B P W M
J I S C O M E F L P J D R K Q D R N Q U
R P R B G E I D H O N Q O T Z D M K V S
V S T D M Q Q J I U D S W L P A Z C Z T
U G F R Q D A S C V O G N Q E Y U D H A
J V A Z A K L I B F G O E Q I R K A C R
X X I N T O T H E G R O U N D G W C O D
L X N R Q K O G O E T N O O Z P O C F U
B J B L E F P B Q V B R X U W Q O T L J
G R E A T E S T A H N C E B B L E Q J P
J F L E A S T O F A L L M E H E R B S M
S R F Y E C L B J H V N W P B Z N I S B
T B I R D S O F T H E A I R W Z Y E R A
```

71

56. MATTHEW 13:33 THE PARABLE OF THE LEAVEN

Another parable spoke He to them; The kingdom of heaven is like to leaven, which a woman took, and hid in three measures of meal, till the whole was leavened.

MATTHEW 13:34-35 PROPHECY AND THE PARABLES

All these things spoke Jesus to the multitude in parables; and without a parable spoke He not to them: That it might be fulfilled which was spoken by the prophet, saying, I will open my mouth in parables; I will utter things which have been kept secret from the foundation of the world.

MATTHEW 13:44 THE PARABLE OF THE HIDDEN TREASURE

Again, the kingdom of heaven is like to treasure hidden in a field; the which when a man has found, he hides, and for joy thereof goes and sells all that he has, and buys that field.

MATTHEW 13:45-46 THE PARABLE OF THE PEARL OF GREAT PRICE

Again, the kingdom of heaven is like to a merchant man, seeking goodly pearls: Who, when he had found one pearl of great price, went and sold all that he had, and bought it.

```
H K R X G H N S M E A L L R C M E M
C Y U T T E R P H T V V O U G E A L
G O O D L Y P E A R L S P X R A O E
A A R Z K H I D D E N Z E K E S T A
G I S E L L S A L L K S N B A U R V
Y D X P S N R W Y I S D M Q T R E E
N B F S E C R E T C O M Y T P E A N
O K P Q W L S H T N X F M U R S S T
F O U N D A T I O N N I O W I G U D
N B Z L S K Q E Q V V E U G C F R F
V N M E R C H A N T S L T Z E P E A
D G Q O Q K A M L H L D H I L O Z A
P I G Z W Z D J O Y T H E R E O F U
U F U L F I L L E D L K N F K E T Q
W O S W H L J Z P H H B G F U W O K
```

LEAVEN
MEASURES
MEAL
FULFILLED
OPEN MY MOUTH
UTTER
SECRET
FOUNDATION
TREASURE
HIDDEN
FIELD
JOY THEREOF
SELLS ALL
MERCHANT
GOODLY PEARLS
GREAT PRICE

57. LUKE 4:16–30 JESUS REJECTED AT NAZARETH

And He came to Nazareth, where He had been brought up: and, as His custom was, He went into the synagogue on the sabbath day, and stood up for to read. And there was delivered to Him the book of the prophet Isaiah. And when He had opened the book, He found the place where it was written, The Spirit of the Lord *is* upon Me, because He has anointed Me to preach the gospel to the poor; He has sent Me to heal the brokenhearted, to preach deliverance to the captives, and recovering of sight to the blind, to set at liberty them that are bruised, To preach the acceptable year of the Lord. And He closed the book, and He gave *it* again to the minister, and sat down. And the eyes of all them that were in the synagogue were fastened on Him. And He began to say to them, This day is this scripture fulfilled in your ears. And all bore Him witness, and wondered at the gracious words which proceeded out of His mouth. And they said, Is not this Joseph's son? And He said to them, You will surely say to Me this proverb, Physician, heal yourself: whatsoever we have heard done in Capernaum, do also here in your country. And He said, Verily I say to you, No prophet is accepted in his own country. But I tell you of a truth, many widows were in Israel in the days of Elijah, when the heaven was shut up three years and six months, when great famine was throughout all the land; But to none of them was Elijah sent, save to Sarepta, a *city* of Sidon, to a woman *that was* a widow. And many lepers were in Israel in the time of Elisha the prophet; and none of them was cleansed, saving Naaman the Syrian. And all they in the synagogue, when they heard these things, were filled with wrath, And rose up, and thrust Him out of the city, and led Him to the brow of the hill whereon their city was built, that they might cast Him down headlong. But He passing through the midst of them went His way.

```
L I S A I A H V H A I D V G B T R T Z F
G B R O U G H T U P J E O Z L L X W E G
Y G B H M N O M F X M L O C M S I Q B A
C U S T O M A Z L S T I E T G S Z N A V
F U L F I L L E D I G V J M B B M F D H
P M Q H Q D N S C G Q E C A W Y E F N D
J R L B Q M I O A H R R D N V E S A A C
O F M C Y T R W P T G A X O D A L N Z Q
U D I O O L R D T H F N J I Q R Y P A C
U F U P O N M E I D O C J N Y O M V R G
E A E T X T B W V O P E P T E F D P E L
Y R I W L G E D E Y B O V E A T P R T Y
V R O X C S P D P R P L C D L H O E H H
V A D Q E A C C E P T A B L E E O A I E
B R O K E N H E A R T E D Y T L R C H R
W U Z A M A Y L Q H N X W R I O P H L M
Y S C B R U I S E D V F F I Z R S W H U
X P R L V W M V Z M O M K G D A X K P
P J D L G T W M O K V A X G O S P E L E
L A L I B E R T Y O I M S A B B A T H L
```

NAZARETH	ISAIAH	SIGHT	BLIND	ACCEPTABLE
BROUGHT UP	UPON ME	CAPTIVE	LIBERTY	YEAR OF THE LORD
CUSTOM	ANOINTED	DELIVERANCE	BRUISED	FULFILLED
SABBATH	POOR	BROKENHEARTED	PREACH	GOSPEL

58. MATTHEW 14:22–33 JESUS WALKS ON THE SEA

And immediately Jesus constrained His disciples to get into a ship, and to go before Him to the other side, while He sent the multitudes away. And when He had sent the multitudes away, He went up into a mountain apart to pray: and when the evening was come, He was there alone. But the ship was now in the midst of the sea, tossed with waves: for the wind was contrary. And in the fourth watch of the night Jesus went to them, walking on the sea. And when the disciples saw Him walking on the sea, they were troubled, saying, It is a spirit; and they cried out for fear. But immediately Jesus spoke to them, saying, Be of good cheer; it is I; be not afraid. And Peter answered Him and said, Lord, if it be You, bid me come to You on the water. And He said, Come. And when Peter was come down out of the ship, he walked on the water, to go to Jesus. But when he saw the wind boisterous, he was afraid; and beginning to sink, he cried, saying, Lord, save me. And immediately Jesus stretched forth *His* hand, and caught him, and said to him, O you of little faith, wherefore did you doubt? And when they were come into the ship, the wind ceased. Then they that were in the ship came and worshiped Him, saying, Of a truth You are the Son of God.

CONSTRAINED

OTHER SIDE

MOUNTAIN

EVENING

THERE ALONE

TOSSED WITH WAVES

CONTRARY WIND

FOURTH WATCH

WALK ON THE SEA

TROUBLED

A SPIRIT

CRIED OUT

FOR FEAR

GOOD CHEER

BE NOT AFRAID

BID ME COME

STRETCHED FORTH

YOU OF LITTLE FAITH

WORSHIPPED

SON OF GOD

```
P O T I I L L H W P T W Y W T G K U
W I O J L T G W T Q H K S Z V O S Q
B Y S C M M B W R Q E S T H D O W O
O A S Y O C E O O F R U R W H D E Q
R C E U U O N R U O E F E A P C Q B
B O D C N N O S B R A O T L A H E D
I N W I T S T H L F L U C K S E P Z
D T I C A T A I E E O R H O O E E U
M R T R I R F P D A N T E N N R Z G
E A H I N A R P F R E H D T O D E E
C R W E C I A E L L W W F H F N V J
O Y A D K N I D N G X A O E G X E C
M W V O J E D K N H M T R S O B N J
E I E U C D Y V E I N C T E D Y I U
M N S T F Y B C I E Z H H A S C N R
S D Z M O T H E R S I D E T Q K G E
I K Q S A S P I R I T H K B R W F S
Y O U O F L I T T L E F A I T H A L
```

59. MATTHEW 15:21–28 A GENTILE SHOWS HER FAITH

Then Jesus went from there, and departed into the coasts of Tyre and Sidon. And, behold, a woman of Canaan came out of the same coasts, and cried to Him, saying, Have mercy on me, O Lord, *You* Son of David; my daughter is grievously vexed with a devil. But He answered her not a word. And His disciples came and besought Him, saying, Send her away; for she cries after us. But He answered and said, I am not sent but to the lost sheep of the house of Israel. Then came she and worshipped Him, saying, Lord, help me. But He answered and said, It is not meet to take the children's bread, and to cast *it* to dogs. And she said, Truth, Lord: yet the dogs eat of the crumbs which fall from their masters' table. Then Jesus answered and said to her, O woman, great *is* your faith: be it to you even as you will. And her daughter was made whole from that very hour.

TYRE AND SIDON
CANAAN
COASTS
HAVE MERCY
SON OF DAVID
DAUGHTER
VEXED
SEND HER AWAY
CRIES AFTER US
LOST SHEEP
WORSHIPPED
HELP ME
MEET
CHILDREN'S BREAD
DOGS
CRUMBS
MASTER
GREAT FAITH
AS YOU WILL
MADE WHOLE

```
H G A R R O P H V E S F H A M H L L
S C A N A A N I Y X G H J H O C D D
C O A S T S G Q F L K O C A M U G A
K H J R F V E X E D W S H V E K T U
T A P F P A C Z R J B S I E E C T G
B J O N M H M A S T E R L M T X F H
B E Q J N O B D Q H K C D E C L N T
Z N O R H E L P M E T P R R R U O E
W O R S H I P P E D I G E E I S V R
X Y V K H F T R B D L Y N C E O O L
S E N D H E R A W A Y L S Y S N Y O
D M C R U M B S K A F W B C A O J S
D D D M K H A M D K L U R M F F S T
D G O C P H Y O E T D B E T T D V S
O I T G U P A V O B O R A G E A I H
K E P A S Y O U W I L L D A R V V E
T Y R E A N D S I D O N G T U I J E
D D M A D E W H O L E U N I S D C P
K V H K O X S N A I U Z O I O E D I
K G R E A T F A I T H M T O F W G C
```

76

After this there was a feast of the Jews; and Jesus went up to Jerusalem. Now there is at Jerusalem by the sheep *market* a pool, which is called in the Hebrew tongue Bethesda, having five porches. In these lay a great multitude of impotent folk, of blind, halt, withered, waiting for the moving of the water. For an angel went down at a certain season into the pool, and troubled the water: whosoever then first after the troubling of the water stepped in was made whole of whatsoever disease he had. And a certain man was there, which had an infirmity thirty and eight years. When Jesus saw him lie, and knew that he had been now a long time *in that case*, He said to him, Will you be made whole? The impotent man answered Him, Sir, I have no man, when the water is troubled, to put me into the pool: but while I am coming, another steps down before me. Jesus said to him, Rise, take up your bed, and walk. And immediately the man was made whole, and took up his bed, and walked: and on the same day was the sabbath. The Jews therefore said to him that was cured, It is the sabbath day: it is not lawful for you to carry *your* bed. He answered them, He that made me whole, the same said to me, Take up your bed, and walk. Then asked they him, What man is that which said to you, Take up your bed, and walk? And he that was healed knew not who it was: for Jesus had conveyed Himself away, a multitude being in *that* place. Afterward Jesus found him in the temple, and said to him, Behold, you are made whole: sin no more, lest a worse thing come to you. The man departed, and told the Jews that it was Jesus, which had made him whole. And therefore did the Jews persecute Jesus, and sought to slay Him, because He had done these things on the sabbath day. But Jesus answered them, My Father works until now, and I work. Therefore the Jews sought the more to kill Him, because He not only had broken the sabbath, but said also that God was His Father, making Himself equal with God. Then answered Jesus and said to them, Verily, verily, I say to you, The Son can do nothing of Himself, but what He sees the Father do: for what things soever He does, these also does the Son likewise. For the Father loves the Son, and shows Him all things that Himself does: and He will show Him greater works than these, that you may marvel. For as the Father raises up the dead, and makes *them alive;* even so the Son makes alive whom He wills. For the Father judges no man, but has committed all judgment to the Son: That all *men* should honor the Son, even as they honor the Father. He that honors not the Son honors not the Father which has sent Him.

```
S D B K J X V T C A G U J E M
H Y E J I A Y W M L R Z V R A
E N D U N M P B A N E N O B D
E M I J F G S E K S A Y R G E
P N C Y I Y F C E I T S M B W
M B S O R R D N S Y E I C E H
A C A Q M E H P A Z R N V T O
R Q B W I R W V L F W N T H L
K O C S T M I Y I V O O G E E
E T S Y Y P H R V O R M H S A
T T T C M A J E E A K O B D E
W K J F Q H O N O R S R P A U
M D I E S T Z P L E I E E L G
T R O U B L E T H E W A T E R
N F R I S E A N D W A L K Q V
```

SHEEP MARKET   MADE WHOLE   INFIRMITY   SIN NO MORE   MAKES ALIVE

BETHESDA   TROUBLE THE   RISE AND WALK   GREATER WORKS   HONOR

              WATER

61. MATTHEW 15:32–39 FEEDING THE FOUR THOUSAND

Then Jesus called His disciples to Him, and said, I have compassion on the multitude, because they continue with Me now three days, and have nothing to eat: and I will not send them away fasting, lest they faint in the way. And His disciples say to Him, Where would we have so much bread in the wilderness, as to fill so great a multitude? And Jesus says to them, How many loaves have you? And they said, Seven, and a few little fishes. And He commanded the multitude to sit down on the ground. And He took the seven loaves and the fishes, and gave thanks, and broke them, and gave to His disciples, and the disciples to the multitude. And they did all eat, and were filled: and they took up of the broken meat that was left seven baskets full. And they that did eat were four thousand men, beside women and children. And He sent away the multitude, and took ship, and came into the coasts of Magdala.

```
P W D E T B C S P J P E W F G Q
N E F V X R O U V X E A N O N T
O R I L P O M W G Q V W H U O H
H E S G G K P F A X G M Z R T R
Y F H V L E A L V M I Y F T H E
V I E I Y T S Y E Y K P Z H I E
L L S B A H S K T H D W I O N D
V L Q S B E I F H H G P M U G A
S E Y B X M O B A J X B T S T Y
A D I M D D N K N L A V N A O S
S E V E N B A S K E T S H N E P
E J S G M P E X S R P G I D A Q
L E P R A L L D I D E A T S T D
U D J P T O O S A W T S M T N K
J B R O K E N M E A T E C S E Z
U O W V L O A V E S Z S B E P X
```

COMPASSION

THREE DAYS

NOTHING TO EAT

LOAVES

FISHES

GAVE THANKS

BROKE THEM

ALL DID EAT

WERE FILLED

SEVEN BASKETS

BROKEN MEAT

FOUR THOUSAND

62. MATTHEW 16:1–4
THE PHARISEES AND SADDUCEES SEEK A SIGN

The Pharisees also with the Sadducees came, and tempting desired Him that He would show them a sign from heaven. He answered and said to them, When it is evening, you say, *It will be* fair weather: for the sky is red. And in the morning, *It will be* foul weather today: for the sky is red and lowring. O *you* hypocrites, you can discern the face of the sky; but can you not *discern* the signs of the times? A wicked and adulterous generation seeks after a sign; and there shall no sign be given to it, but the sign of the prophet Jonah. And He left them, and departed.

MATTHEW 16:5–12 THE LEAVEN OF THE PHARISEES AND SADDUCEES

And when His disciples were come to the other side, they had forgotten to take bread. Then Jesus said to them, Take heed and beware of the leaven of the Pharisees and of the Sadducees. And they reasoned among themselves, saying, *It is* because we have taken no bread. *Which* when Jesus perceived, He said to them, O you of little faith, why reason you among yourselves, because you have brought no bread? Do you not yet understand, neither remember the five loaves of the five thousand, and how many baskets you took up? Neither the seven loaves of the four thousand, and how many baskets you took up? How is it that you do not understand that I spoke *it* not to you concerning bread, that you should beware of the leaven of the Pharisees and of the Sadducees? Then understood they how that He bid *them* not beware of the leaven of bread, but of the doctrine of the Pharisees and of the Sadducees.

SIGN FROM HEAVEN

EVENING

FAIR WEATHER

RED SKY

SIGN OF THE TIMES

PROPHET JONAH

LEAVEN

BREAD

FIVE LOAVES

DOCTRINE

```
B R E A D I T J E T N W X H U D D A A E
C X P P Z G K P R O P H E T J O N A H V
F A I R W E A T H E R T E M H C D N G E
W Q N V F C F W I V T S Z Y R T C D V N
D E Y P Y O N L E D A M X L A R U F E I
J S I G N F R O M H E A V E N I C R B N
N S C H J C H P K J P M C A U N O E M G
I F R F B P O V N R X M O V Y E O D T N
U N G E S L O L J Z L P G E Q K G S Y L
W W Y C E K W A M S N R X N J D Q K A L
L G M F N X N F I V E L O A V E S Y N D
M S I G N O F T H E T I M E S X C J Q M
```

80

63. MATTHEW 16:13–20 PETER CONFESSES JESUS AS THE CHRIST

When Jesus came into the coasts of Caesarea Philippi, He asked His disciples, saying, Whom do men say that I the Son of Man am? And they said, Some *say that You are* John the Baptist: some, Elijah; and others, Jeremiah, or one of the prophets. He says to them, But whom say you that I am? And Simon Peter answered and said, You are the Christ, the Son of the living God. And Jesus answered and said to him, Blessed are you, Simon Barjona: for flesh and blood has not revealed *it* to you, but My Father which is in heaven. And I say also to you, That you are Peter, and upon this rock I will build My church; and the gates of hell shall not prevail against it. And I will give to you the keys of the kingdom of heaven: and whatsoever you shall bind on earth shall be bound in heaven: and whatsoever you shall loose on earth shall be loosed in heaven. Then charged He His disciples that they should tell no man that He was Jesus the Christ.

MATTHEW 16:21–23 JESUS PREDICTS HIS DEATH AND RESURRECTION

From that time forth began Jesus to show to His disciples, how that He must go to Jerusalem, and suffer many things of the elders and chief priests and scribes, and be killed, and be raised again the third day. Then Peter took Him, and began to rebuke Him, saying, Be it far from You, Lord: this shall not be to You. But He turned, and said to Peter, Get you behind Me, Satan: you are an offense to Me: for you savor not the things that be of God, but those that be of men.

```
B K R E V T H I S R O C K V L Y P J
S O N O F T H E L I V I N G G O D E
M Q I G J D C K S L N U U H K C G R
J R G Q H B Z J J I W B I G A B M E
L X X X E L X X C T M M Z S J A Y M
U K C H L P T L J K T O B E Q E C I
C H R L N E L I J A H T N G M P H A
A J G P O R S O N O F M A N W E U H
J O H N T H E B A P T I S T D T R U
S M X L V G K T H T O Q H Y T E C W
S O X O A L Z J T Y J X Z Z E R H H
N P G P B P A C H R I S T P J S A C
```

SON OF MAN

JOHN THE BAPTIST

ELIJAH

JEREMIAH

CHRIST

SON OF THE LIVING GOD

SIMON

PETER

THIS ROCK

MY CHURCH

64. MATTHEW 16:24–28 TAKE UP THE CROSS AND FOLLOW HIM

Then said Jesus to His disciples, If any *man* will come after Me, let him deny himself, and take up his cross, and follow Me. For whosoever will save his life shall lose it: and whosoever will lose his life for My sake shall find it. For what is a man profited, if he shall gain the whole world, and lose his own soul? or what shall a man give in exchange for his soul? For the Son of Man shall come in the glory of His Father with His angels: and then He shall reward every man according to his works. Verily I say to you, There be some standing here, which shall not taste of death, till they see the Son of Man coming in His kingdom.

ANY MAN	D	T	P	O	R	R	O	I	J	M	B	I	V	H	T	G	V	C	V	B
COME AFTER ME	D	U	A	Y	W	L	D	P	P	X	J	K	E	G	X	I	S	H	R	G
DENY HIMSELF	J	E	E	K	V	O	T	I	X	Q	P	G	L	O	R	Y	Q	H	W	P
TAKE UP HIS CROSS	H	P	N	X	E	T	E	K	S	A	V	E	H	I	S	L	I	F	E	P
FOLLOW ME	W	Q	A	Y	C	U	X	P	C	V	H	D	T	E	B	P	U	S	W	G
	H	F	X	U	H	H	P	U	O	R	Q	R	P	F	P	B	X	O	H	J
SAVE HIS LIFE	H	I	D	K	W	I	A	H	I	Y	K	A	R	I	Q	I	Z	U	O	F
LOSE IT	S	K	S	T	I	Z	M	N	I	N	A	J	O	Y	B	V	J	L	L	F
LOSE HIS LIFE	Z	O	W	K	U	D	A	S	G	S	M	R	F	A	J	N	S	M	E	A
FIND IT	F	R	N	E	I	N	O	P	E	E	C	O	I	S	M	H	E	F	W	L
PROFIT	B	I	S	O	F	N	G	F	J	L	H	R	T	B	W	I	N	O	O	G
	T	H	N	T	F	W	G	F	F	E	F	C	O	B	G	S	B	L	R	K
WHOLE WORLD	P	L	R	D	J	M	F	D	S	H	Q	Z	S	S	X	W	J	L	L	O
EXCHANGE	Y	C	I	Q	I	A	A	I	O	W	J	I	X	B	S	O	N	O	D	R
SOUL	U	L	O	L	L	T	J	N	Y	M	W	J	D	G	D	R	W	W	X	W
GLORY	L	O	S	E	H	I	S	L	I	F	E	R	I	B	O	K	M	M	B	U
ACCORDING	W	B	Y	H	A	C	C	O	R	D	I	N	G	N	T	S	G	E	U	N
HIS WORKS	H	C	M	J	V	U	R	C	S	A	N	Y	M	A	N	K	P	B	I	B
SON OF MAN	Y	C	O	M	E	A	F	T	E	R	M	E	A	L	O	S	E	I	T	C
HIS KINGDOM	F	A	J	O	H	S	D	Z	K	H	C	M	J	D	X	X	I	N	P	I

And when He was demanded of the Pharisees, when the kingdom of God should come, He answered them and said, The kingdom of God comes not with observation: Neither shall they say, Lo here! or, lo there! for, behold, the kingdom of God is within you. And He said to the disciples, The days will come, when you shall desire to see one of the days of the Son of Man, and you shall not see *it*. And they shall say to you, See here; or, see there: go not after *them*, nor follow *them*. For as the lightning, that lightens out of the one *part* under heaven, shines to the other *part* under heaven; so shall also the Son of Man be in His day. But first must He suffer many things, and be rejected of this generation. And as it was in the days of Noah, so shall it be also in the days of the Son of Man. They did eat, they drank, they married wives, they were given in marriage, until the day that Noah entered into the ark, and the flood came, and destroyed them all. Likewise also as it was in the days of Lot; they did eat, they drank, they bought, they sold, they planted, they built; But the same day that Lot went out of Sodom it rained fire and brimstone from heaven, and destroyed *them* all. Even thus shall it be in the day when the Son of Man is revealed. In that day, he which shall be upon the housetop, and his stuff in the house, let him not come down to take it away: and he that is in the field, let him likewise not return back. Remember Lot's wife. Whosoever shall seek to save his life shall lose it; and whosoever shall lose his life shall preserve it. I tell you, in that night there shall be two *men* in one bed; the one shall be taken, and the other shall be left. Two *women* shall be grinding together; the one shall be taken, and the other left. Two *men* shall be in the field; the one shall be taken, and the other left. And they answered and said to Him, Where, Lord? And He said to them, Wheresoever the body *is*, there will the eagles be gathered together.

```
V C D N Q A O V G O N L V D V R X H
T S A E S A U K E K W Y L O M E T N
T V Y P R E S E R V E A I V I V C K
W N S W M W O M J V L O G J N E U L
O H O U S E T O P E C B H N T A E N
W E F M H N D R Q B R S T K H L A Q
O B N B A I D W Y Z F E N Z E E G D
M R O H D R B Z X P J R I R F D L P
E J A L Q M R X J Y L V N U I R E V
N G H I Y W S I J X A A G H E F S A
P Q F K O Y P P E O R T N M L D H E
E Q Z E K C I K M D E I I T D X U A
I Q L F Q C P J U E W O R G E Y U N
D G W I T H I N Y O U N W K D D X H
C U Q Y W U M G R I N D I N G R H N
J W D N P X R X C S U F F E R M T P
A I K I N G D O M O F G O D V W C P
J H N R E J E C T I O N Z U Z Q F R
```

LIGHTNING	SUFFER	MARRIED	TWO WOMEN
WITHIN YOU	REJECTION	REVEALED	GRINDING
OBSERVATION	DAYS OF NOAH	HOUSETOP	IN THE FIELD
KINGDOM OF GOD	PLANTED	PRESERVE	EAGLES

84

And when they were come to the multitude, there came to Him a *certain* man, kneeling down to Him, and saying, Lord, have mercy on my son: for he is lunatic, and sore vexed: for often he falls into the fire, and often into the water. And I brought him to Your disciples, and they could not cure him. Then Jesus answered and said, O faithless and perverse generation, how long shall I be with you? how long shall I endure you? bring him here to Me. And Jesus rebuked the devil; and he departed out of him: and the child was cured from that very hour. Then came the disciples to Jesus apart, and said, Why could not we cast him out? And Jesus said to them, Because of your unbelief: for verily I say to you, If you have faith as a grain of mustard seed, you shall say to this mountain, Remove here to yonder place; and it shall remove; and nothing shall be impossible to you. However this kind goes not out but by prayer and fasting.

```
C U R E D P R H N E T B P L O Z A F T B
G N W F W H K U M U N B D K X W J A F E
H F M N I K T H R O G D Y D D X V L G H
U X A J N R S D A K U D U Y P Q U L Y U
O U Y S F M E T R V F N L R V R P S A X
U I O C T O G O B E E Z T W E V T G M I
B P J B N I D F L K B M Y A I S D L D A
R L Z L R U N L Y D U U E U I O N W L N
L K O M H N P G C U E V K R B N N W B O
W Z B D D S Y D B E O P N E C N T P N T
F A I T H L E S S R I Q A O D Y C N U H
J V C X I W R K U P L P R R L L F F N I
K K N C V E P R A Y E R L V T W Z G B N
W E S S B L O A C T Z R J K S E L A E G
W U G G E X N C X D C W V T U G D W L M
U Z K F O M K M R S G V G E J B Q A I R
A S B C I M P O S S I B L E R Y M T E Z
W A Q W V P R U C J R B J I X S E E F O
N M U S T A R D S E E D P X S F E R Z F
K C N M K E J B W R E M O V E O J H J Y
```

HAVE MERCY

FALLS

FIRE

WATER

FAITHLESS

PERVERSE

ENDURE

REBUKED

DEPARTED

CURED

UNBELIEF

MUSTARD SEED

MOUNTAIN

REMOVE

NOTHING

IMPOSSIBLE

PRAYER

FASTING

And it came to pass, as He went to Jerusalem, that He passed through the midst of Samaria and Galilee. And as He entered into a certain village, there met Him ten men that were lepers, which stood afar off: And they lifted up *their* voices, and said, Jesus, Master, have mercy on us. And when He saw *them*, He said to them, Go show yourselves to the priests. And it came to pass, that, as they went, they were cleansed. And one of them, when he saw that he was healed, turned back, and with a loud voice glorified God, And fell down on *his* face at His feet, giving Him thanks: and he was a Samaritan. And Jesus answering said, Were there not ten cleansed? but where are the nine? There are not found that returned to give glory to God, save this stranger. And He said to him, Arise, go your way: your faith has made you whole.

```
G G Q V O N V I I Q C G B P Y K H A
Z N G A L I L E E Z L L F P E W U J
L D H L I O I X G N E O L U K Z U E
E X A R B H H I T L A R H P A F S S
P A V C J G F C Y I N I L D K F H L
E G E R Q K Q J V W S F W C E E O O
R G M C F H M R S Q E I J W M L W U
S N E X R U A G U T D E G B Q L Y D
Z U R R A T S I D Y R D K O V D O V
U J C X E E T H D Y G A W Z F O U O
S T Y Q F N E A W J O C N O W W R I
X Q F O X M R E O Z O U Y G Y N S C
R H S J M E L S A M A R I A E Q E E
J W F Z Z N O D X P A T C C L R L E
P O T H E R N I N E X F P V J V F Q
N T G M S D O I T M F P J K N M L G
M A D E W H O L E J D U T L L Z D G
L X F S P A A R D X H E A L E D R Q
```

SAMARIA

GALILEE

TEN MEN

LEPERS

MASTER

HAVE MERCY

SHOW YOURSELF

CLEANSED

HEALED

LOUD VOICE

GLORIFIED

FELL DOWN

OTHER NINE

STRANGER

MADE WHOLE

68. MATTHEW 18:1-5 WHO IS THE GREATEST?

At the same time came the disciples to Jesus, saying, Who is the greatest in the kingdom of heaven? And Jesus called a little child to Him, and set him in the midst of them, And said, Verily I say to you, Except you be converted, and become as little children, you shall not enter into the kingdom of heaven. Whosoever therefore shall humble himself as this little child, the same is greatest in the kingdom of heaven. And whoso shall receive one such little child in My name receives Me.

MARK 9:38-41 JESUS FORBIDS SECTARIANISM

And John answered Him, saying, Master, we saw one casting out devils in Your name, and he follows not us: and we forbad him, because he follows not us. But Jesus said, Forbid him not: for there is no man which shall do a miracle in My name, that can lightly speak evil of Me. For he that is not against us is on our part. For whosoever shall give you a cup of water to drink in My name, because you belong to Christ, verily I say to you, he shall not lose his reward.

GREATEST

LITTLE CHILD

CONVERTED

SHALL NOT ENTER

KINGDOM OF HEAVEN

HUMBLE

RECEIVE

IN MY NAME

CAST OUT

MIRACLE

CUP OF WATER

REWARD

```
H C U P O F W A T E R K I S X
D L F D J U D K F Z N I Q H S
H I Z I A A R I E A H N N A R
I T M N B N L X V E Q G A L M
N T S Q C O D M H V F D H L V
M L L F A J J G U B X O J N X
Y E R M S X F I M M Y M N O S
N C E H T R Z O B A J O Z T M
A H W F O G Q T L E B F G E I
M I A Z U U T K E N F H N N R
E L R W T F I K F E W E J T A
E D D W G W A Q Q S W A P E C
C O N V E R T E D B D V D R L
R E C E I V E E H K M E P Q E
G G R E A T E S T S A N T O A
```

69. MATTHEW 18:10-14 THE PARABLE OF THE LOST SHEEP

Take heed that you despise not one of these little ones; for I say to you, That in heaven their angels do always behold the face of My Father which is in heaven. For the Son of Man is come to save that which was lost. How think you? if a man have a hundred sheep, and one of them be gone astray, does he not leave the ninety and nine, and goes into the mountains, and seeks that which is gone astray? And if so be that he find it, verily I say to you, he rejoices more of that *sheep*, than of the ninety and nine which went not astray. Even so it is not the will of your Father which is in heaven, that one of these little ones should perish.

```
M R D T W B A M Z A G O O V S
F S M Q L E K F O S O T U W H
E H A X S H F R P T D H A L E
R J U V K O R H Y R E E N B E
H E O N E L A P G A S L G W P
D D J J D D L B A Y P O E Y L
P A T O Z R I H O P I S L S Y
E I X H I O E L B B S T S S S
R Z X P A C Y D H B E X C E R
I U W J O U E W M S H T N E F
S Q L N I N E T Y N I N E K K
H P F O J S N P E P K N U S E
L I T T L E O N E S H E F V R
F A C E O F T H E F A T H E R
Y T A K E H E E D K Z X Y I S
```

TAKE HEED

DESPISE

ANGELS

BEHOLD

FACE OF THE FATHER

SAVE

THE LOST

HUNDRED

SHEEP

ASTRAY

NINETY-NINE

SEEKS

REJOICE

LITTLE ONES

PERISH

70. JOHN 10:1–6 JESUS THE TRUE SHEPHERD

Verily, verily, I say to you, He that enters not by the door into the sheepfold, but climbs up some other way, the same is a thief and a robber. But he that enters in by the door is the shepherd of the sheep. To him the porter opens; and the sheep hear his voice: and he calls his own sheep by name, and leads them out. And when he puts forth his own sheep, he goes before them, and the sheep follow him: for they know his voice. And a stranger will they not follow, but will flee from him: for they know not the voice of strangers. This parable spoke Jesus to them: but they understood not what things they were which He spoke to them.

JOHN 10:7–21 JESUS THE GOOD SHEPHERD

Then said Jesus to them again, Verily, verily, I say to you, I am the door of the sheep. All that ever came before Me are thieves and robbers: but the sheep did not hear them. I am the door: by Me if any man enter in, he shall be saved, and shall go in and out, and find pasture. The thief comes not, but for to steal, and to kill, and to destroy: I am come that they might have life, and that they might have *it* more abundantly. I am the good shepherd: the good shepherd gives His life for the sheep. But he that is a hireling, and not the shepherd, whose own the sheep are not, sees the wolf coming, and leaves the sheep, and flees: and the wolf catches them, and scatters the sheep. The hireling flees, because he is a hireling, and cares not for the sheep. I am the good shepherd, and know My *sheep*, and am known of Mine. As the Father knows Me, even so know I the Father: and I lay down My life for the sheep. And other sheep I have, which are not of this fold: them also I must bring, and they shall hear My voice; and there shall be one fold, *and* one shepherd. Therefore does My Father love Me, because I lay down My life, that I might take it again. No man takes it from Me, but I lay it down of Myself. I have power to lay it down, and I have power to take it again. This commandment have I received of My Father. There was a division therefore again among the Jews for these sayings. And many of them said, He has a devil, and is mad; why hear you Him? Others said, These are not the words of him that has a devil. Can a devil open the eyes of the blind?

```
N S U N P T A J V Q S T Z G T I D P R R
A L H R R M R P H M Q A H S X Q F T C P
R H P E O F Z W V K I B P E L G T R Z V
O I A S E B L Z U P O U Y D D D R V J P
X R S M O P B G P C J N F N T O G B R C
L E T R U F F E V O N D O V A D O P N O
S L U P R W O O R Z N A L H L M U R M M
H I R E I L O D L N H N L T V Q E I C M
E N E V I Z A W W D C T O B O G F Z E A
P G X H B N J T T T R L W T B A E I B N
H H Z Q A F W H F J Z Y D E S T R O Y D
E V L B W V O O C X Z Z U B M W A R Z M
R B X Z S R E U N N X X S D D M M F P E
D J A I B A U L Z E W C S X R Y H I O N
H N C T A M V S I E F N T H P V O A R T
E A S T H V P E E F A O H O O O N F T O
B W B I G I M N D H E X L T O I W R E O
Z J J W U B E M N E A C Q D B C V X R O
W O T Z O S Y F D S T E A L F E M C B H
R M Y S H E E P M E N P T W K I L L X R
```

SHEEPFOLD	SHEPHERD	SAVED	DESTROY	MY SHEEP
THIEF	PORTER	PASTURE	HAVE LIFE	MY VOICE
ROBBER	BY NAME	STEAL	ABUNDANTLY	ONE FOLD
THE DOOR	FOLLOW	KILL	HIRELING	COMMANDMENT

71. LUKE 15:8–10 THE PARABLE OF THE LOST COIN

Either what woman having ten pieces of silver, if she lose one piece, does not light a candle, and sweep the house, and seek diligently till she find *it*? And when she has found *it*, she calls *her* friends and her neighbors together, saying, Rejoice with me; for I have found the piece which I had lost. Likewise, I say to you, there is joy in the presence of the angels of God over one sinner that repents.

```
S H O U S E T T L B X E L L Z K N J
S B M S O L N T N F P A C M I V Y O
I O B J U Z F K Z Z Y H N L Q E N Y
N A O D J E C K M R A R H G I L T N
N F H V Z E X N U N A E Y R E U Z G
E E F O M K D C W L I G H T T L G N
R C S I L V E R J T B S H E F B S X
I A I F U T M O K O R W U O N T R V
Y N M K G K X K T K G U J W R L W C
X D T Q U W T R M O D R F R E L N J
B L I B L O S T C O I N B O P Y O S
H E D B M G R K Z V Q S J U E B V X
D I L I G E N T L Y U N U C N W C G
R E J O I C E G C V N Q W O T R S B
L P M S S W E E P C L L V U S I E C
Q D T D R J T W P S N H T U B G E J
V I B H Q D C B U H O U Z P I H K Q
I T E N P I E C E S W L W T L O Q J
```

LOST COIN · LIGHT · HOUSE · REJOICE · SINNER
TEN PIECES · CANDLE · SEEK · JOY · REPENTS
SILVER · SWEEP · DILIGENTLY · ANGELS

91

72. LUKE 15:11–32 THE PARABLE OF THE LOST SON

And He said, A certain man had two sons: And the younger of them said to *his* father, Father, give me the portion of goods that falls *to me*. And he divided to them *his* living. And not many days after the younger son gathered all together, and took his journey into a far country, and there wasted his substance with riotous living. And when he had spent all, there arose a mighty famine in that land; and he began to be in want. And he went and joined himself to a citizen of that country; and he sent him into his fields to feed swine. And he would fain have filled his belly with the husks that the swine did eat: and no man gave to him. And when he came to himself, he said, How many hired servants of my father's have bread enough and to spare, and I perish with hunger! I will arise and go to my father, and will say to him, Father, I have sinned against heaven, and before you, And am no more worthy to be called your son: make me as one of your hired servants. And he arose, and came to his father. But when he was yet a great way off, his father saw him, and had compassion, and ran, and fell on his neck, and kissed him. And the son said to him, Father, I have sinned against heaven, and in your sight, and am no more worthy to be called your son. But the father said to his servants, Bring forth the best robe, and put *it* on him; and put a ring on his hand, and shoes on *his* feet: And bring here the fatted calf, and kill *it*; and let us eat, and be merry: For this my son was dead, and is alive again; he was lost, and is found. And they began to be merry. Now his elder son was in the field: and as he came and drew near to the house, he heard music and dancing. And he called one of the servants, and asked what these things meant. And he said to him, Your brother is come; and your father has killed the fatted calf, because he has received him safe and sound. And he was angry, and would not go in: therefore came his father out, and entreated him. And he answering said to *his* father, Lo, these many years do I serve you, neither transgressed I at any time your commandment: and yet you never gave me a kid, that I might make merry with my friends: But as soon as this your son was come, which has devoured your living with harlots, you have killed for him the fatted calf. And he said to him, Son, you are ever with me, and all that I have is yours. It was meet that we should make merry, and be glad: for this your brother was dead, and is alive again; and was lost, and is found.

```
A E H Q H W Z B R Z W I A F F G T O I W
G V T G I Y M E G M I G E S A O I N L Z
A I W N R F R F R U P K F M T J S E G N
I Z O Y E F F O E S O A R M T V F M D Y
N T S K D L P R A I R Q C F E N O A P Q
S F O G S A U E T C T G F X D J U N E I
T V N L E M V W A I J A F C R N Y T K
H J S M R E X O A N O A R V A J D Y A H
E M H W V P U Y D N T C S L M D E E W
A E G I A D H T O D O F O D F V H A E A
V Y J D N L D E F A F Y U F P E I R P L
E V J C T R M G F N G S N A E H D S Z I
N P S E R V E D C C O H T M Y M E S R V
B E S T R O B E Y I O S R I P S D Q V E
K S Z T F D T K V N D W Y N H V Y D N A
Q M Y B Y O U J K G S I P E J U T I I G
T C O M P A S S I O N N Z M M R S Y Y A
V A H M X D K F N D A E D N V A L K Z I
S I N N E D I W Y M M Z O Z V V T F S N
M O R I O T O U S L I V I N G F F Y N G
```

TWO SONS	FAMINE	SINNED	COMPASSION	IS FOUND
FAR COUNTRY	SWINE	AGAINST HEAVEN	BEST ROBE	SERVED
RIOTOUS LIVING	HUSKS	BEFORE YOU	FATTED CALF	MANY YEARS
PORTION OF GOODS	HIRED SERVANTS	GREAT WAY OFF	MUSIC AND DANCING	ALIVE AGAIN

93

73. MATTHEW 18:15–20 DEALING WITH A SINNING BROTHER

Moreover if your brother shall trespass against you, go and tell him his fault between you and him alone: if he shall hear you, you have gained your brother. But if he will not hear *you*, *then* take with you one or two more, that in the mouth of two or three witnesses every word may be established. And if he shall neglect to hear them, tell *it* to the church: but if he neglect to hear the church, let him be to you as a heathen man and a publican. Verily I say to you, Whatsoever you shall bind on earth shall be bound in heaven: and whatsoever you shall loose on earth shall be loosed in heaven. Again I say to you, That if two of you shall agree on earth as touching any thing that they shall ask, it shall be done for them of My Father which is in heaven. For where two or three are gathered together in My name, there am I in the midst of them.

BROTHER	B T L H H H B I G H C J Y R U O E C
TRESPASS	R S D A V I E E R N F K D Z P G Z M
HIS FAULT	O T U D V M S A T J Q U B V C A B A
BETWEEN YOU	T G I Z C Z K F R W A K F R H I I K
HEAR YOU	H L I M A E P F A Y E V D R U N N D
GAINED	E O G U A I R A S U O E P F R E D X
WITNESSES	R E A S F G K P N D L U N F C D O H
CHURCH	G G T K Q A U P W I G T B Y H O N E
HEATHEN	W T W O S H A L L A G R E E O Y E A
PUBLICAN	W G N F W I N T H E M I D S T U A T
BIND ON EARTH	J A O K O K B T R E S P A S S R R H
LOOSE IN HEAVEN	L L J S T N A P U B L I C A N E T E
TWO SHALL AGREE	D K F T U R Y Q G E U T U Q W E H N
GATHERED	Y W I T N E S S E S P E G E M F L P
IN THE MIDST	U H S D R G Z T R B B V M O C T L K
	L O O S E I N H E A V E N Y H Q B Z
	N P J K N C K L V G A T H E R E D U
	Y F K K C Y H Q S B Y O N Q L Y F C

And He said also to His disciples, There was a certain rich man, which had a steward; and the same was accused to him that he had wasted his goods. And he called him, and said to him, How is it that I hear this of you? give an account of your stewardship; for you may be no longer steward. Then the steward said within himself, What shall I do? for my lord takes away from me the stewardship: I cannot dig; to beg I am ashamed. I am resolved what to do, that, when I am put out of the stewardship, they may receive me into their houses. So he called every one of his lord's debtors *to him*, and said to the first, How much owe you to my lord? And he said, A hundred measures of oil. And he said to him, Take your bill, and sit down quickly, and write fifty. Then said he to another, And how much owe you? And he said, A hundred measures of wheat. And he said to him, Take your bill, and write fourscore. And the lord commended the unjust steward, because he had done wisely: for the children of this world are in their generation wiser than the children of light. And I say to you, Make to yourselves friends of the mammon of unrighteousness; that, when you fail, they may receive you into everlasting habitations. He that is faithful in that which is least is faithful also in much: and he that is unjust in the least is unjust also in much. If therefore you have not been faithful in the unrighteous mammon, who will commit to your trust the true *riches*? And if you have not been faithful in that which is another man's, who shall give you that which is your own? No servant can serve two masters: for either he will hate the one, and love the other; or else he will hold to the one, and despise the other. You cannot serve God and mammon.

```
V F A I T H F U L A T I B E C O N S P A
M W N C Y L F K A X G C M V E C Y E A F
I A I S T U U G Z V G Z M E M H O R G Y
L S M S W A B I K F U A A R E I W V X M
K E U M E W M V S H K Y K L A L V E M T
W J A O O L V E E M C L E A S D Y G C R
Z X P S A N Y A Q U O A F S U R V O M U
X P S T T B K C N I M H R T R E V D B E
O E G W K M X C O K M N I I E N P A R R
J Y P O H X S O S M E N E N S O U J Q I
J V C M V Y E U V Q N N N G O F L F F C
P C M A W K J N T L D P D D F L Y J K H
H R P S H P A T D P E B S A O I P F L E
T R W T X U A I V V D H E Q I G P O Q S
U N I E Y S T E W A R D Q I L H A J S H
X K R R C L S F L H J H J Y M T U Q T P
C C S S E W H E A T K J F O E V I T O G
H B R X U N R I G H T E O U S N E S S T
W Y J A J Z G E P T M R I C H M A N E A
G S F W I X C K X I E J D E B T O R S U
```

RICH MAN	MEASURES OF OIL	MAKE FRIENDS	FAITHFUL	SERVE GOD
STEWARD	WHEAT	MAMMON	LEAST	UNRIGHTEOUSNESS
GIVE ACCOUNT	COMMENDED	EVERLASTING	TRUE RICHES	
DEBTORS	WISELY	CHILDREN OF LIGHT	TWO MASTERS	

75. JOHN 12:27-36 JESUS PREDICTS HIS DEATH ON THE CROSS

Now is My soul troubled; and what shall I say? Father, save Me from this hour: but for this cause came I to this hour. Father, glorify Your name. Then came there a voice from heaven, *saying*, I have both glorified *it*, and will glorify *it* again. The people therefore, that stood by, and heard *it*, said that it thundered: others said, An angel spoke to Him. Jesus answered and said, This voice came not because of Me, but for your sakes. Now is the judgment of this world: now shall the prince of this world be cast out. And I, if I be lifted up from the earth, will draw all *men* to Me. This He said, signifying what death He should die. The people answered Him, We have heard out of the law that Christ abides for ever: and how say You, The Son of Man must be lifted up? who is this Son of Man? Then Jesus said to them, Yet a little while is the light with you. Walk while you have the light, lest darkness come upon you: for he that walks in darkness knows not where he goes. While you have light, believe in the light, that you may be the children of light. These things spoke Jesus, and departed, and did hide Himself from them.

```
F T J P B Y L T U W A L K I N G H V
X L K B B Y O P R L Z M I N O T Z O     TROUBLED
V I H N Z O C U L O Y N J X O Y H I     GLORIFY
C F D X D L F Y R B U O I D U U T C     YOUR NAME
U T T H Z R V J C S C B F F L G H E     VOICE FROM HEAVEN
H E F Y U A A K M T A K L L P B V F     THUNDERED
P D W X N R R W C A R K I E J M I R     ANGEL
P U D P P N K L A H L Y E C D H B O     YOUR SAKES
W P V D J G T Z D L I K Q S R Z T M     JUDGMENT
Y O U R N A M E D H L J L N A I Y H     PRINCE OF THIS WORLD
Z D G Z F H R V C R E M B H N M P E     LIFTED UP
L G W J U D G M E N T E E O G Q T A     DRAW ALL MEN
I D V S T X R V K U W M L N E I N V     WALKING
H Y T H U N D E R E D I I D L C L E     LIGHT
K A M X J F P A O B H D E R T J P N     BELIEVE
G L O R I F Y D O J L N V G W N R N
O T G O P F J L I G H T E V Z B U Q
P R I N C E O F T H I S W O R L D S
```

76. JOHN 12:42–50 WALK IN THE LIGHT

Nevertheless among the chief rulers also many believed on Him; but because of the Pharisees they did not confess *Him*, lest they should be put out of the synagogue: For they loved the praise of men more than the praise of God. Jesus cried and said, He that believes on Me, believes not on Me, but on Him that sent Me. And he that sees Me sees Him that sent Me. I am come a light into the world, that whosoever believes on Me should not abide in darkness. And if any man hear My words, and believe not, I judge him not: for I came not to judge the world, but to save the world. He that rejects Me, and receives not My words, has one that judges him: the word that I have spoken, the same shall judge him in the last day. For I have not spoken of Myself; but the Father which sent Me, He gave Me a commandment, what I should say, and what I should speak. And I know that His commandment is life everlasting: whatsoever I speak therefore, even as the Father said to me, so I speak.

BELIEVED

CONFESS

PRAISE OF MEN

SENT ME

LIGHT TO THE WORLD

ABIDE

DARKNESS

JUDGE

REJECT

RECEIVE

SPOKEN

LAST DAY

COMMANDMENT

LIFE EVERLASTING

```
O F L C S V N R E I L Q R A A M J L
X B W F O B K P M D R A B I D E U G
A E C J W M L D G Y D E T J J C D J
Y L F O R G M S N S R F C S V X G Z
W I L E N E Y A E F D S X E K M E Z
P E V N V F J O N N F V E E I B J P
A V B E R R E V D T E G M E V X R
G E J Z X Y O S C R M M L E Q H E A
K D Q B E W C Z S T R E E C H X B I
S K P H C R C E B V Q L N Z C A O S
J V C A E N H J F T L A S T D A Y E
L I G H T T O T H E W O R L D B P O
W J L R H K K B K C N P K P A D Q F
L I F E E V E R L A S T I N G W V M
M S D T D U N N P W L W U N C C T E
Q Q W Q K L R G X X X C O V C Q T N
U N C D A R K N E S S T F B O Q N E
S P O K E N Y Z K N S C R C P T E B
```

98

Now before the feast of the passover, when Jesus knew that His hour was come that He should depart out of this world to the Father, having loved His own which were in the world, He loved them to the end. And supper being ended, the devil having now put into the heart of Judas Iscariot, Simon's *son*, to betray Him; Jesus knowing that the Father had given all things into His hands, and that He was come from God, and went to God; He rose from supper, and laid aside His garments; and took a towel, and girded Himself. After that He poured water into a basin, and began to wash the disciples' feet, and to wipe *them* with the towel wherewith He was girded. Then came He to Simon Peter: and Peter said to Him, Lord, do You wash my feet? Jesus answered and said to him, What I do you know not now; but you shall know hereafter. Peter said to Him, You shall never wash my feet. Jesus answered him, If I wash you not, you have no part with Me. Simon Peter said to Him, Lord, not my feet only, but also *my* hands and *my* head. Jesus said to him, He that is washed need not save to wash *his* feet, but is clean every whit: and you are clean, but not all. For He knew who should betray Him; therefore said He, You are not all clean. So after He had washed their feet, and had taken His garments, and was set down again, He said to them, Know you what I have done to you? You call Me Master and Lord: and you say well; for *so* I am. If I then, *your* Lord and Master, have washed your feet; you also ought to wash one another's feet. For I have given you an example, that you should do as I have done to you. Verily, verily, I say to you, The servant is not greater than his lord; neither he that is sent greater than he that sent him. If you know these things, happy are you if you do them.

```
S H Z H X I M T G H S O I I Z Y B B
G Z F O W X Z Z W A J M T N O L E X
B L K U M Q D N Y N Q A X T N C T R
E O M R C K E J K D U S D H E M R Z
M V A W L A P D G S O T M E A J A B
W E B A E G A V M P I E L W N D Y P
A D H S A Q R R Y C C R M O O N N Z
S H V C N Y T J G O O S C R T T Y N
R I P O B D R R V K B Q E L H O D X
U S S M S C X J V G C I V D E W W T
E O M E N E N J D G R R N U R E Y E
S W R L V O R B Y T I Q W S V L Q I
D N J K J T C X C A Y G U U H F Q W
X Q E E X A M P L E D J L P E D L O
D A W N N W A S H F E E T P A D O T
O L X H M M D P T P U G V E D A Q H
B P L H E V E R Y W H I T R U M Q J
P Q X C V L R L O T O T H E E N D G
```

HOUR WAS COME	IN THE WORLD	TO THE END	TOWEL	HANDS
DEPART	LOVED HIS OWN	SUPPER	WASH FEET	HEAD
CLEAN	EVERY WHIT	BETRAY	MASTER	ONE ANOTHER
EXAMPLE				

78. MATTHEW 18:21–35
THE PARABLE OF THE UNFORGIVING SERVANT

Then came Peter to Him, and said, Lord, how often shall my brother sin against me, and I forgive him? till seven times? Jesus says to him, I say not to you, Until seven times: but, Until seventy times seven. Therefore is the kingdom of heaven likened to a certain king, which would take account of his servants. And when he had begun to reckon, one was brought to him, which owed him ten thousand talents. But forasmuch as he had not to pay, his lord commanded him to be sold, and his wife, and children, and all that he had, and payment to be made. The servant therefore fell down, and worshiped him, saying, Lord, have patience with me, and I will pay you all. Then the lord of that servant was moved with compassion, and loosed him, and forgave him the debt. But the same servant went out, and found one of his fellow servants, which owed him a hundred pence: and he laid hands on him, and took *him* by the throat, saying, Pay me that you owe. And his fellow servant fell down at his feet, and besought him, saying, Have patience with me, and I will pay you all. And he would not: but went and cast him into prison, till he should pay the debt. So when his fellow servants saw what was done, they were very sorry, and came and told to their lord all that was done. Then his lord, after that he had called him, said to him, O you wicked servant, I forgave you all that debt, because you desired me: Should not you also have had compassion on your fellowservant, even as I had pity on you? And his lord was angry, and delivered him to the tormentors, till he should pay all that was due to him. So likewise shall My heavenly Father do also to you, if you from your hearts forgive not every one his brother their trespasses.

```
M A H T Q V G F U J X V K Z T K D U
C O M P A S S I O N S O B Q T S C H
B C G M C L Q G W R A E U C C E U U
U A Z O C R E J O D G M V K S V W N
W J P X Y D N N Y J D A C E L E J D
I M O Q U E L A T V Z R V F N N D R
P A Y M E N T Q J S J Y L E D T I E
K Y X X A J T N B J B N I D H I Y D
S W D C E R T A I N K I N G O M H P
Q T O R M E N T O R S D P A P E B E
R D E B T N V P Q W T W O A S E N
C S R A D B P L L K I U X Z T B S C
P M E G P T E I K T C R P D I U O E
K K X Y U S T X M F K D I V E L U L
G A K E E T E A D V E F H T N C G W
M J W U X C R R F Q D Z S C C U H N
P M S A C C O U N T O H I R E U T F
L P E L J Z T R E S P A S S E S D O
```

PETER   SEVEN TIMES   SEVENTY   CERTAIN KING   ACCOUNT

TALENTS   PAYMENT   PATIENCE   COMPASSION   FORGAVE

DEBT   BESOUGHT   WICKED   TORMENTORS   TRESPASSES

HUNDRED PENCE

79. LUKE 16:19–31 THE RICH MAN AND LAZARUS

There was a certain rich man, which was clothed in purple and fine linen, and fared sumptuously every day: And there was a certain beggar named Lazarus, which was laid at his gate, full of sores, And desiring to be fed with the crumbs which fell from the rich man's table: moreover the dogs came and licked his sores. And it came to pass, that the beggar died, and was carried by the angels into Abraham's bosom: the rich man also died, and was buried; And in hell he lifted up his eyes, being in torments, and sees Abraham afar off, and Lazarus in his bosom. And he cried and said, Father Abraham, have mercy on me, and send Lazarus, that he may dip the tip of his finger in water, and cool my tongue; for I am tormented in this flame. But Abraham said, Son, remember that you in your lifetime received your good things, and likewise Lazarus evil things: but now he is comforted, and you are tormented. And beside all this, between us and you there is a great gulf fixed: so that they which would pass from here to you cannot; neither can they pass to us, that *would come* from there. Then he said, I pray you therefore, father, that you would send him to my father's house: For I have five brethren; that he may testify to them, lest they also come into this place of torment. Abraham says to him, They have Moses and the prophets; let them hear them. And he said, Nay, father Abraham: but if one went to them from the dead, they will repent. And he said to him, If they hear not Moses and the prophets, neither will they be persuaded, though one rose from the dead.

```
R O S E F R O M T H E D E A D M F W
T T C P G O O D T H I N G S W Q I R
O B T R F R Q L L Z H M D N F I N N
R E J G U O F W I D G D X C I M E H
M U Y V N M C O F E Z O E I N Z L B
E W A T E R B L E V U G X R G H I F
N Y Q G J A N S T K O S G E E T N Q
T O N G U E J K I I S T X J R B E P
S P A B R A H A M S B O S O M K N J
Y V N Y L D G R E A T G U L F A L A
X O H S X P J S L W E H Z H V A N Y
T P U R P L E K R I C H M A N N T J
```

PURPLE
FINE LINEN
CRUMBS
RICH MAN
DOGS
ABRAHAM'S BOSOM
TORMENTS
FINGER
WATER
TONGUE
LIFETIME
GOOD THINGS
GREAT GULF
ROSE FROM THE DEAD

And He spoke a parable to them *to this end*, that men ought always to pray, and not to faint; Saying, There was in a city a judge, which feared not God, neither regarded man: And there was a widow in that city; and she came to him, saying, Avenge me of mine adversary. And he would not for a while: but afterward he said within himself, Though I fear not God, nor regard man; Yet because this widow troubles me, I will avenge her, lest by her continual coming she weary me. And the Lord said, Hear what the unjust judge says. And shall not God avenge His own elect, which cry day and night to Him, though He bear long with them? I tell you that He will avenge them speedily. Nevertheless when the Son of Man comes, shall He find faith on the earth?

OUGHT TO	W	H	T	X	I	M	P	F	P	N	C	F	W T N X
PRAY	V	D	U	H	X	P	U	K	Z	G	R	I	O A H A
NOT FAINT	Q	K	S	A	E	Y	W	I	B	Z	Y	W	S O C V
JUDGE	C	J	U	D	G	E	K	B	L	K	D	C	M G O E
REGARDED	A	Y	O	R	R	T	O	P	W	F	A	O	G H U N
WIDOW	D	N	Y	L	O	C	N	Q	I	B	Y	N	O G G G
AVENGE	V	O	X	W	Y	D	M	Z	E	D	A	T	W J H E
ADVERSARY	E	T	X	P	R	A	Y	W	O	P	N	I	E S T A
TROUBLES	R	F	H	J	N	K	Z	V	Q	T	D	N	A H T X
CONTINUAL	S	A	C	F	S	U	A	Q	D	J	N	U	R C O H
WEARY	A	I	T	R	O	U	B	L	E	S	I	A	Y F B Y
ELECT	R	N	X	A	S	I	U	L	Z	T	G	L	Z C X A
CRY DAY AND NIGHT	Y	T	G	L	E	R	G	P	Z	G	H	W	Y Y A L
SPEEDILY	C	R	E	G	A	R	D	E	D	Q	T	M	C B L S
	E	T	A	N	D	E	L	E	C	T	I	K	G I H M
	O	W	I	D	O	W	S	P	E	E	D	I	L Y B R

THE PARABLE OF THE PHARISEE AND THE TAX COLLECTOR

And He spoke this parable to certain which trusted in themselves that they were righteous, and despised others: Two men went up into the temple to pray; the one a Pharisee, and the other a publican. The Pharisee stood and prayed thus with himself, God, I thank You, that I am not as other men *are*, extortioners, unjust, adulterers, or even as this publican. I fast twice in the week, I give tithes of all that I possess. And the publican, standing afar off, would not lift up so much as *his* eyes to heaven, but smote upon his breast, saying, God be merciful to me a sinner. I tell you, this man went down to his house justified *rather* than the other: for every one that exalts himself shall be abased; and he that humbles himself shall be exalted.

```
B W F V V G H M O M Z Y A V E O W I Y L
Z D E S P I S E G C T F D B I N R L G G
D T G T C A E J O U F U U Z E Q I P G Q
X V S M E P W D Z F I H L M G D G Q I R
L C A W E E U H O M A A T M B S H G V W
V J B T F R B L M R X S E Z Z M T S E H
P Q A W A I C K L L J I R D O N E A T T
C H S T S M C I P B G N E V S T O E I O
U H E L T L B C F G M N R N Q V U A T H
L P D E V B X C W U W E M T B F S K H E
B O P D U H B T O V L R G S J C E N E A
Q P H Z C J G K R V R H U M B L E D S V
J U S T I F I E D E W G M D O Y P H M E
A B L I F T U P U O Y D D E E J D T O N
Q L R L D H I S E Y E S K E V A J R T R
I I C O R O R K T E M P L E Y D P E E Q
A C O V A X G M E X T O R T I O N E R S
J A E X A L T E D D U N J U S T O W Q B
L N J M L I D J Y F R D J P I R E W V U
P P H A R I S E E F Z L Y J R K V K L L
```

RIGHTEOUS
DESPISE
TEMPLE
PHARISEE
PUBLICAN
EXTORTIONER
UNJUST
ADULTERER
FAST
GIVE TITHES
LIFT UP
HIS EYES
TO HEAVEN
SMOTE
MERCIFUL
A SINNER
JUSTIFIED
ABASED
HUMBLED
EXALTED

Then were there brought to Him little children, that He should put His hands on them, and pray: and the disciples rebuked them. But Jesus said, Permit little children, and forbid them not, to come to Me: for of such is the kingdom of heaven. And He laid His hands on them, and departed from there.

BLESSES

LITTLE

CHILDREN

YOUNG

TOUCH THEM

DISCIPLES

REBUKED

DISPLEASED

ALLOW

COME TO ME

FORBID NOT

SHALL NOT ENTER

TOOK THEM

IN HIS ARMS

KINGDOM
  OF HEAVEN

```
E R K S M O A X V M E R V D B O L O
P G L I H L A H Z E Z E L I Y A Z O
C Z N D N A U G G U M B D S O L W Z
O N Q A G G L Q D T Y U M C U L C K
M H I G A P D L Z Q B K T I N O E X
E F Q A C M A O N L D E C P G W Z P
T O P R Y H O L M O D D T L T R M D
O L F O R B I D N O T B T E F B P T
M M P W K Y L Y N W F E Q S V Y L O
E V I N H I S A R M S H N H T H E U
F L K R U G A U V B W Q E T Q A S C
H U O K Y I A Q L U L Z G A E O T H
A N T O O K T H E M G E J T V R B T
T B P U R Z Y L K G Z X S L W E J H
I C D N C H I L D R E N R S F N N E
A X Q L I P X L I T T L E J E D D M
D I S P L E A S E D U R T N C S F B
I C A C B T T F L Q X J G C S V Z N
```

83. LUKE 18:18–30 JESUS COUNSELS THE RICH YOUNG RULER

And a certain ruler asked Him, saying, Good Master, what shall I do to inherit eternal life? And Jesus said to him, Why call you Me good? none *is* good, save One, *that is*, God. You know the commandments, Do not commit adultery, Do not kill, Do not steal, Do not bear false witness, Honor your father and your mother. And he said, All these have I kept from my youth up. Now when Jesus heard these things, He said to him, Yet lack you one thing: sell all that you have, and distribute to the poor, and you shall have treasure in heaven: and come, follow Me. And when he heard this, he was very sorrowful: for he was very rich. And when Jesus saw that he was very sorrowful, He said, How hardly shall they that have riches enter into the kingdom of God! For it is easier for a camel to go through a needle's eye, than for a rich man to enter into the kingdom of God. And they that heard *it* said, Who then can be saved? And He said, The things which are impossible with men are possible with God. Then Peter said, Lo, we have left all, and followed You. And He said to them, Verily I say to you, There is no man that has left house, or parents, or brethren, or wife, or children, for the kingdom of God's sake, Who shall not receive manifold more in this present time, and in the world to come life everlasting.

107

```
F B P O O R C O M M A N D M E N T S V C
Y R H E J I Y H Q E I A U J G W I H P D
M D P O T R Z F D G P S A T O B D H P I
U L T M N P Q J W N A B P A O C E C V S
M Y N E E D L E S E Y E R A D S T O A T
P S O R R O W F U L F P C V R C E W J R
I W A P W M G S E L L A L L Z E R M G I
Y C N F S C P U S K H C A P H H N D B B
C T L D W Z X U F Z U O E Z E M A T U U
W H N P P R W J I S G U U T B Z L A S T
K G S V S D J I H C Q T U S H G L L E E
U I S A V E O N E B B C R P E W I L N X
G Z S K F P C A M E L R S D R V F T J I
P K D H H A V E I K E P T W E Z E H R I
T R E A S U R E I N H E A V E N P E U P
G X H X U D A F D O M P Y L Q T V S L W
B R E T H R E N C V X W S W I Y N E E E
R E C W Z Q O V O N E T H I N G G R R J
D E V E R L A S T I N G B G D L C O X M
C N U S O A T M A N I F O L D M O R E G
```

RULER	COMMANDMENTS	SELL ALL	CAMEL	PARENTS
ETERNAL LIFE	ALL THESE	DISTRIBUTE	NEEDLE'S EYE	BRETHREN
GOOD	HAVE I KEPT	POOR	HOUSE	EVERLASTING
SAVE ONE	ONE THING	SORROWFUL	MANIFOLD MORE	TREASURE IN HEAVEN

And there went great multitudes with Him: and He turned, and said to them, If any *man* come to Me, and hate not his father, and mother, and wife, and children, and brethren, and sisters, yea, and his own life also, he cannot be My disciple. And whosoever does not bear his cross, and come after Me, cannot be My disciple. For which of you, intending to build a tower, sits not down first, and counts the cost, whether he have *sufficient* to finish *it?* Lest haply, after he has laid the foundation, and is not able to finish *it,* all that behold *it* begin to mock him, Saying, This man began to build, and was not able to finish. Or what king, going to make war against another king, sits not down first, and consults whether he be able with ten thousand to meet him that comes against him with twenty thousand? Or else, while the other is yet a great way off, he sends an ambassage, and desires conditions of peace. So likewise, whosoever he be of you that forsakes not all that he has, he cannot be My disciple.

LUKE 14:34–35 TASTELESS SALT IS WORTHLESS

Salt *is* good: but if the salt have lost its savor, wherewith shall it be seasoned? It is neither fit for the land, nor yet for the dunghill; *but* men cast it out. He that has ears to hear, let him hear.

```
M D E U F O D H P Y C S S J G A B L F E
M P E T F Y P U X O U I N C X F K G O S
Y D F D I B A C N L H S D Y J R J I R S
D C C V N L C M O G W X A S U I F F S O
I O T W I P R P B B H G K L E C L O A C
S M X V S I Z U I A D I J J T B M U K L
C E X L H H L R F B S R L K C L E N E F
I T K H R A R R G W F S N L G T J D A S
P O C Y W I P E A C E M A Z Z F B A L U
L M G C A G D G E I O A X G K M A T L F
E E S L E T H I M H E A R F E P R I I F
C R B U I L D A T O W E R V I D F O T I
F O F Z P W S Q P B Q D F K U F A N J C
Z D N D O T E N T H O U S A N D M Y A I
J E D S R A N E F S P Y Q T Z E Q K E E
C S E O U U W W M E Z L N R D I J B Y N
T A G I I L F S E A S O N E D Y P B Q T
E C O U N T T H E C O S T T Z D H R E G
P G K V A O N L A C G S A V O R J P I P
Y J O C U T M C O N D I T I O N S B M U
```

COME TO ME	SUFFICIENT	FOUNDATION	CONSULT	CONDITIONS
MY DISCIPLE	FINISH	TEN THOUSAND	AMBASSAGE	PEACE
BUILD A TOWER	FORSAKE ALL	SALT	SAVOR	SEASONED
COUNT THE COST	DUNGHILL	LET HIM HEAR		

Therefore, when he was gone out, Jesus said, Now is the Son of Man glorified, and God is glorified in Him. If God be glorified in Him, God shall also glorify Him in Himself, and shall immediately glorify Him. Little children, yet a little while I am with you. You shall seek Me: and as I said to the Jews, Where I go, you cannot come; so now I say to you. A new commandment I give to you, That you love one another; as I have loved you, that you also love one another. By this shall all *men* know that you are My disciples, if you have love one to another.

JOHN 14:1-6 THE WAY, THE TRUTH, AND THE LIFE

Let not your heart be troubled: you believe in God, believe also in Me. In My Father's house are many mansions: if *it were* not *so*, I would have told you. I go to prepare a place for you. And if I go and prepare a place for you, I will come again, and receive you to Myself; that where I am, *there* you may be also. And where I go you know, and the way you know. Thomas said to Him, Lord, we know not where You go; and how can we know the way? Jesus said to him, I am the way, the truth, and the life: no man comes to the Father, but by Me.

M D C S K H A Y Y U Z C S T E L I B B S
N K K P B C A N N O T C O M E I O A E U
S L I T T L E C H I L D R E N T H A L D
F A T H E R S H O U S E T X M T W Q I W
P Y C E V H W E F G X W H E V L R Y E X
O C O M E A G A I N W I E R J E E S V N
Y P E K D R Z G P L C A W P B W C K E E
J M N Z S X H M C A D I A Z M H E T I W
D J W F M O N K E M T A Y P V I R N C
Q U E R Z A N R A E A J L V I L V O M O
H P C G Z J N O S E E K M E Y E E U E M
P R E O B F L S F S Q S U Q V J Y B M M
M E I I N E P V I M G C D M W N O L R A
Z P A G F Z C S Y O A U R V W Z U E L N
F A J Q K V W B B N N N C J I Z R D A D
H R W H E R E I G O V S U A P L A C E M
O E C C L O V E O N E A N O T H E R L E
T H E L I F E P W W N X R E A K G D J N
V O T B G G L O R I F I E D H A R N M T
Z O T H E T R U T H E V M R C U C U W Q

SON OF MAN	SEEK ME	TROUBLED	MANSIONS	RECEIVE YOU
GLORIFIED	WHERE I GO	BELIEVE IN ME	PREPARE	THE WAY
LITTLE CHILDREN	CANNOT COME	FATHER'S HOUSE	A PLACE	THE TRUTH
LITTLE WHILE	NEW COMMANDMENT	LOVE ONE ANOTHER	COME AGAIN	THE LIFE

86. MATTHEW 20:1–16
THE PARABLE OF THE WORKERS IN THE VINEYARD

For the kingdom of heaven is like to a man *that* is a householder, which went out early in the morning to hire laborers into his vineyard. And when he had agreed with the laborers for a penny a day, he sent them into his vineyard. And he went out about the third hour, and saw others standing idle in the marketplace, And said to them; Go you also into the vineyard, and whatsoever is right I will give you. And they went their way. Again he went out about the sixth and ninth hour, and did likewise. And about the eleventh hour he went out, and found others standing idle, and said to them, Why stand you here all the day idle? They say to him, Because no man has hired us. He said to them, Go you also into the vineyard; and whatsoever is right, *that* shall you receive. So when evening was come, the lord of the vineyard said to his steward, Call the laborers, and give them *their* hire, beginning from the last to the first. And when they came that *were hired* about the eleventh hour, they received every man a penny. But when the first came, they supposed that they should have received more; and they likewise received every man a penny. And when they had received *it*, they murmured against the goodman of the house, Saying, These last have wrought *but* one hour, and you have made them equal to us, which have borne the burden and heat of the day. But he answered one of them, and said, Friend, I do you no wrong: did not you agree with me for a penny? Take *that* yours *is*, and go your way: I will give to this last, even as to you. Is it not lawful for me to do what I will with my own? Is your eye evil, because I am good? So the last shall be first, and the first last: for many be called, but few chosen.

```
P  M  H  F  F  P  U  H  O  U  S  E  H  O  L  D  E  R  A  J
K  C  E  D  E  X  Q  K  O  C  G  R  N  G  S  H  U  Z  C  Y
L  D  L  P  N  M  L  E  F  S  J  A  E  N  X  U  I  S  Y  I
A  Z  R  M  E  Y  J  S  F  T  P  R  P  W  J  E  R  R  H  P
B  Z  G  A  W  N  B  F  S  E  N  G  J  S  C  S  B  M  E  B
O  F  K  R  D  Z  N  C  D  W  D  J  Q  I  H  T  E  W  N  E
R  Q  C  K  M  X  P  Y  A  A  A  I  A  O  J  L  A  R  R  A
E  Q  W  E  V  H  G  V  F  R  L  A  Y  T  R  J  T  O  M  R
R  M  Q  T  J  N  E  L  W  D  T  H  X  D  F  F  I  U  I  P
S  K  N  P  L  Y  L  A  W  J  K  G  H  F  V  O  M  G  D  M
J  J  E  L  E  V  E  N  T  H  H  O  U  R  N  R  Q  H  L  V
T  U  Y  A  M  G  N  G  K  O  H  H  N  Y  E  L  I  T  E  I
N  R  S  C  I  M  W  T  J  O  F  M  R  L  D  A  R  R  L  N
S  N  L  E  S  E  W  F  M  I  T  T  B  Q  R  S  J  N  A  E
Z  B  E  B  R  C  A  L  L  E  D  D  H  F  Q  T  X  F  W  Y
B  F  E  H  G  O  O  D  M  A  N  C  L  E  L  W  I  N  F  A
Z  O  T  F  Y  M  H  E  T  F  I  R  S  T  D  U  Y  X  U  R
J  P  H  T  C  C  E  S  Y  Y  B  J  G  T  Y  A  V  I  L  D
K  C  H  O  S  E  N  P  P  M  X  I  N  J  X  G  Y  J  F  E
T  D  P  T  H  I  R  D  H  O  U  R  V  J  A  Q  F  G  V  T
```

HOUSEHOLDER	IDLE	ELEVENTH HOUR	HEAT OF THE DAY	CALLED
HIRE	THIRD HOUR	PENNY	LAWFUL	CHOSEN
LABORERS	MARKETPLACE	GOODMAN	FIRST	
VINEYARD	STEWARD	WROUGHT	LAST	

Then came to Him the mother of Zebedee's children with her sons, worshipping *Him*, and desiring a certain thing of Him. And He said to her, What will you? She said to Him, Grant that these my two sons may sit, the one on Your right hand, and the other on the left, in Your kingdom. But Jesus answered and said, You know not what you ask. Are you able to drink of the cup that I shall drink of, and to be baptized with the baptism that I am baptized with? They say to Him, We are able. And He says to them, You shall drink indeed of My cup, and be baptized with the baptism that I am baptized with: but to sit on My right hand, and on My left, is not Mine to give, but *it shall be given to them* for whom it is prepared of My Father. And when the ten heard *it*, they were moved with indignation against the two brethren. But Jesus called them *to Him*, and said, You know that the princes of the Gentiles exercise dominion over them, and they that are great exercise authority upon them. But it shall not be so among you: but whosoever will be great among you, let him be your minister; And whosoever will be chief among you, let him be your servant: Even as the Son of Man came not to be ministered to, but to minister, and to give His life a ransom for many.

MOTHER   ZEBEDEE   DESIRING   RIGHT HAND   LEFT HAND
WORSHIPPING   KINGDOM   DRINK OF THE CUP   BAPTIZED   MINE TO GIVE
PREPARED   DOMINION   AUTHORITY   MINISTER   CHIEF
SERVANT   GIVE HIS LIFE   RANSOM

```
W C C Q I H K S W O R S H I P P I N G D
S D O M I N I O N A U T H O R I T Y R I
I N I D P N M J P R E P A R E D C J I B
B T Q Z R G G I C G D V B F D Z K V W C
G A W D P M Q Y O D R A J T E Q M G Y N
E K P N M K E Y Z P I S L I S K I I H P
F D T T F O K B O R N F J O I K N V C R
O B Q N I P T Y E Q K J E S E R E E T G
E S B B H Z A P F O N J I I H T H O A
V R B Z M Z E W E R F F I D N K O I C H
B V X Z J E O D K R T K D K G H G S I B
E I F T A H L Q B S H F K S G W I L S C
N C A Y I C S P J X E L I W G J V I E J
B N R I F O P E V Q C M N G C I E F R O
T H M I N I S T E R U B G G O F R E V M
R A N S O M V D T P P M D E I N K W A N
Z Z T D I K X B E T S G O G F M N I N S
N P U D B I D V H W F P M C H I E F T F
A T Z E B E D E E E D L E F T H A N D L
A R I G H T H A N D K C A V S R L R B I
```

116

88. MATTHEW 20:29–34
TWO BLIND MEN RECEIVE THEIR SIGHT

And as they departed from Jericho, a great multitude followed Him. And, behold, two blind men sitting by the way side, when they heard that Jesus passed by, cried out, saying, Have mercy on us, O Lord, *You* Son of David. And the multitude rebuked them, because they should hold their peace: but they cried the more, saying, Have mercy on us, O Lord, *You* Son of David. And Jesus stood still, and called them, and said, What will you that I shall do to you ? They say to Him, Lord, that our eyes may be opened. So Jesus had compassion *on them*, and touched their eyes: and immediately their eyes received sight, and they followed Him.

MARK 10:46–52
JESUS HEALS BLIND BARTIMAEUS

And they came to Jericho: and as He went out of Jericho with His disciples and a great number of people, blind Bartimaeus, the son of Timaeus, sat by the highway side begging. And when he heard that it was Jesus of Nazareth, he began to cry out, and say, Jesus, *You* Son of David, have mercy on me. And many charged him that he should hold his peace: but he cried the more a great deal, *You* Son of David, have mercy on me. And Jesus stood still, and commanded him to be called. And they call the blind man, saying to him, Be of good comfort, rise; He calls you. And he, casting away his garment, rose, and came to Jesus. And Jesus answered and said to him, What will you that I should do to you? The blind man said to Him, Lord, that I might receive my sight. And Jesus said to him, Go your way; your faith has made you whole. And immediately he received his sight, and followed Jesus in the way.

```
K X P C R I E D O U T B E C M L M L C R
H A V E M E R C Y J T X R I J L L Y J Y Q
L N D V Y C X F N I S G J D L S S J T K
F C O M P A S S I O N O F Q J S B E Z Y
E Y E S O P E N E D P O R R A W B R I Z
O A K C O Y F B C H I D J E K U L I H M
R I T O U C H E D O K C O C O Q I C E O
K O N T X L I M G L C O J E R O N H C L
M T D T W U N C G D U M V I Z E D O A B
N A C D H H W Q O U H I F O V T L M E L A
X W D U I E L X B I T O P E S I E H L R
T F Y E A P W C D S D R V D G F N G S T
R B S Z W X K A P P B T M S I L G B Q I
C M X K V H U I Y E W H A I J R S E J M
T N D S O N O F D A V I D D G N C W I Y A
L Y P D D Q B L E C W O I H G D U M Y E
N Y L H E U L U E E M U B T N M P I B U
G S K O H K J N P R I S E G P K J J H S
U A R D O F O L L O W E D H I M P Q T M
S O E V Y A P W B E G G I N G J L T S X
```

BLIND MEN	CRIED OUT	SON OF DAVID	COMPASSION	RECEIVED SIGHT
BARTIMAEUS	HAVE MERCY	EYES OPENED	TOUCHED	FOLLOWED HIM
JERICHO	BEGGING	HOLD HIS PEACE	GOOD COMFORT	RISE
HE CALLS	MADE WHOLE	IN THE WAY		

89. LUKE 19:1–10 JESUS COMES TO ZACCHAEUS' HOUSE

And *Jesus* entered and passed through Jericho. And, behold, *there was* a man named Zacchaeus, which was the chief among the publicans, and he was rich. And he sought to see Jesus who he was; and could not for the press, because he was little of stature. And he ran before, and climbed up into a sycamore tree to see Him: for He was to pass that *way.* And when Jesus came to the place, He looked up, and saw him, and said to him, Zacchaeus, make haste, and come down; for today I must abide at your house. And he made haste, and came down, and received Him joyfully. And when they saw *it,* they all murmured, saying, That He was gone to be guest with a man that is a sinner. And Zacchaeus stood, and said to the Lord; Behold, Lord, the half of my goods I give to the poor; and if I have taken any thing from any man by false accusation, I restore *him* fourfold. And Jesus said to him, This day is salvation come to this house, forsomuch as he also is a son of Abraham. For the Son of Man is come to seek and to save that which was lost.

```
R R L O E R W F S X W E Z P L R I C H V        ZACCHAEUS
E A Q L T Z J C D O L J X Y N C S H J O        CHIEF PUBLICAN
C N P X W T Z O W N N K Z N S C A U U S        RICH
E B C F A A A G Y V A O N A H T L H J E        PRESS
I E B F V T N G E F B P F A C W V A X E        LITTLE STATURE
V F G G K M E B P N U B R M M J A L K K        RAN BEFORE
E O S M U R M U R E D L D E A X T F L A        SYCAMORE
D R M A U T D P K G Z E L J S N I M S N        MAKE HASTE
B E B Q N E G M G O C D H Y T S O Y Z D        RECEIVED
U E I C Q Z T Y Y S G I W D H A N G D S        JOYFULLY
Z A C C H A E U S F U G R H E N J O L A        GUEST
F P F D J Q A Q Y C E X I B L D U O I V        MURMURED
P W X C J N I X X A S E Y Y O T Y D G E        HALF MY GOODS
M J Y U N K B K G X T A P U S E Q S B G        FOURFOLD
P F O U R F O L D J O J O P T B J M P G        SALVATION
F K G O S Y C A M O R E O Z M G J X M U        SON OF MAN
F A O A Q E C H I E F P U B L I C A N A        SEEK AND SAVE
C P F O J W L C Z Z K D Q L W Z V V A H        THE LOST
D L I T T L E S T A T U R E S T V Y I Y
F S M A K E H A S T E G S R K Q A V U A
```

And as they heard these things, He added and spoke a parable, because He was near to Jerusalem, and because they thought that the kingdom of God should immediately appear. He said therefore, A certain nobleman went into a far country to receive for himself a kingdom, and to return. And he called his ten servants, and delivered them ten pounds, and said to them, Occupy till I come. But his citizens hated him, and sent a message after him, saying, We will not have this *man* to reign over us. And it came to pass, that when he was returned, having received the kingdom, then he commanded these servants to be called to him, to whom he had given the money, that he might know how much every man had gained by trading. Then came the first, saying, Lord, your pound has gained ten pounds. And he said to him, Well, you good servant: because you have been faithful in a very little, have you authority over ten cities. And the second came, saying, Lord, your pound has gained five pounds. And he said likewise to him, Be you also over five cities. And another came, saying, Lord, behold, *here is* your pound, which I have kept laid up in a napkin: For I feared you, because you are an austere man: you take up that you lay not down, and reap that you did not sow. And he said to him, out of your own mouth will I judge you, *you* wicked servant. You knew that I was an austere man, taking up that I laid not down, and reaping that I did not sow: Wherefore then gave not you my money into the bank, that at my coming I might have required my own with usury? And he said to them that stood by, Take from him the pound, and give *it* to him that has ten pounds. (And they said to him, Lord, he has ten pounds.) For I say to you, That to every one which has shall be given; and from him that has not, even that he has shall be taken away from him. But those my enemies, which would not that I should reign over them, bring here, and slay *them* before me.

```
Q S B X M E Y S B E Y J T E U Q O F W O
N U S U R Y L Q G F B H Y T I N T X F N
T F E R O Z F M O C C U P Y M O A W M E
O L J D E R F W R U Q G H S Q B B E R W
H E Q L F I Q N B T M O E E O L A L A H
V I G T X F G K U D A O V C U E T L X I
E A X E E K Y N N L P K M M M Y M Y D O C
Z U U O T N E R O P A B E I C A W O Q H
J G E S C R P H Z V N S Z N N N P N F H
Y A N W T N A O Y M E R J S A A O E R A
I I K I Y E G D U C U R I C R W S C X S
N N K S U P R A I N D Y R A A R A V O F
Q E A T G E J E J N D M Z R V E A Y N A
R D N I G L Z J R D G S U C C T N T V I
T E O F R V E R Y L I T T L E U A I S T
S H A L L B E G I V E N Z D Y R P J K H
H A S N O T I M K T E P O D N N K L C F
D N X W G M C V C E H D W I X E I F C U
Q U K L G O O D S E R V A N T D N Q C L
G E O R B C I T I Z E N S K U A L T Z H
```

MINAS	CITIZENS	WELL DONE	NAPKIN	SHALL BE GIVEN
NOBLEMAN	RETURNED	GOOD SERVANT	AUSTERE	HAS NOT
TEN POUNDS	GAINED	FAITHFUL	USURY	TAKEN AWAY
OCCUPY	TRADING	VERY LITTLE	ONE WHICH HAS	REIGN OVER

91. MATTHEW 21:1–11 THE TRIUMPHAL ENTRY

And when they drew near to Jerusalem, and were come to Bethphage, to the mount of Olives, then sent Jesus two disciples, Saying to them, Go into the village opposite you, and immediately you shall find an ass tied, and a colt with her: loose *them*, and bring *them* to Me. And if any *man* say anything to you, you shall say, The Lord has need of them; and immediately he will send them. All this was done, that it might be fulfilled which was spoken by the prophet, saying, Tell you the daughter of Zion, Behold, your King comes to you, meek, and sitting upon an ass, and a colt the foal of an ass. And the disciples went, and did as Jesus commanded them, And brought the ass, and the colt, and put on them their clothes, and they set *Him* thereon. And a very great multitude spread their garments in the way; others cut down branches from the trees, and spread *them* in the way. And the multitudes that went before, and that followed, cried, saying, Hosanna to the son of David: Blessed *is* He that comes in the name of the Lord; Hosanna in the highest. And when He was come into Jerusalem, all the city was moved, saying, Who is this? And the multitude said, This is Jesus the prophet of Nazareth of Galilee.

MATTHEW 21:12–17 JESUS CLEANSES THE TEMPLE

And Jesus went into the temple of God, and cast out all them that sold and bought in the temple, and overthrew the tables of the moneychangers, and the seats of them that sold doves, And said to them, It is written, My house shall be called the house of prayer; but you have made it a den of thieves. And the blind and the lame came to Him in the temple; and He healed them. And when the chief priests and scribes saw the wonderful things that He did, and the children crying in the temple, and saying, Hosanna to the Son of David; they were sore displeased, And said to Him, Hear You what these say? And Jesus said to them, Yea; have you never read, Out of the mouth of babes and sucklings You have perfected praise? And He left them, and went out of the city into Bethany; and He lodged there.

```
Q F B Q C Q H Z B H A G T R Q Z I H B J
K N Y T H X O I S O R C S B A O Y K R P
Y G V N F J S W B U T D U S B U N K A E
W X I L U W A M E S X E C X B T S X N R
M A L J E O N J H E Y N K Z U O N R C F
O Z L Z D U N R O O X O L U J F F L H E
N P A B I J A T L F T F I J V T H L E C
E W G F D D W D V D P A T N J N H G P S T
Y I E Q O K F W W R D H G V E E B T Q E
C V L F N J T L M A E I S C V M A I P D
H X Z A K C I R J Y Z E H P N O B Y O P
A Z P M E U E Q B E Q V T I D U E K V R
N N D Z Y C B G A R M E N T S T S S E A
G E U L N Y P H G J J S I Q M H W U R I
E P N Z G L O R D H A S N E E D Z Q T S
R G N A M E O F T H E L O R D U Z U H E
S R H P Q B D T A B L E S H N E J I R G
D F S M N R B L E S S E D X Q K W W E D
C O L T D B K Z U L V O E B B B K H W T
O C C D H U L O E B Y O U R K I N G L B
```

VILLAGE	BEHOLD	HOSANNA	TABLES	PERFECTED PRAISE
COLT	YOUR KING	BLESSED	DEN OF THIEVES	SUCKLINGS
DONKEY	GARMENTS	OVERTHREW	HOUSE OF PRAYER	BABES
LORD HAS NEED	BRANCHES	NAME OF THE LORD	MONEYCHANGERS	OUT OF THE MOUTH

123

There was a man of the Pharisees, named Nicodemus, a ruler of the Jews: The same came to Jesus by night, and said to Him, Rabbi, we know that You are a teacher come from God: for no man can do these miracles that You do except God be with Him. Jesus answered and said to him, Verily, verily, I say to you, Except a man be born again, he cannot see the kingdom of God. Nicodemus said to Him, How can a man be born when he is old? can he enter the second time into his mother's womb, and be born? Jesus answered, Verily, verily, I say to you, Except a man be born of water and *of* the Spirit, he cannot enter into the kingdom of God. That which is born of the flesh is flesh; and that which is born of the Spirit is spirit. Marvel not that I said to you, You must be born again. The wind blows where it lists, and you hear the sound thereof, but can not tell from where it comes, and to where it goes: so is every one that is born of the Spirit. Nicodemus answered and said to Him, How can these things be? Jesus answered and said to him, Are you a master of Israel, and know not these things? Verily, verily, I say to you, We speak that we do know, and testify that we have seen; and you receive not our witness. If I have told you earthly things, and you believe not, how shall you believe, if I tell you *of* heavenly things? And no man has ascended up to heaven, but He that came down from heaven, *even* the Son of Man which is in heaven. And as Moses lifted up the serpent in the wilderness, even so must the Son of Man be lifted up: That whosoever believes in Him should not perish, but have eternal life. For God so loved the world, that He gave His only begotten Son, that whosoever believes in Him should not perish, but have everlasting life. For God sent not His Son into the world to condemn the world; but that the world through Him might be saved. He that believes in Him is not condemned: but he that believes not is condemned already, because he has not believed in the name of the only begotten Son of God. And this is the condemnation, that light is come into the world, and men loved darkness rather than light, because their deeds were evil. For every one that does evil hates the light, neither comes to the light, lest his deeds should be reproved. But he that does truth comes to the light, that his deeds may be made manifest, that they are wrought in God.

```
T L R O Q H V Z O L X D H E W R X A V L
S I B P S L P R L R T U A W I E S L M G
O F E E S A K R W X L J M T N C H E I C
U T L W E M A R V E L N O T D E O V R X
N E I F R N Y H W W W S H K B I U E A H
D D E D P F A P A A Y V E S L V L R C F
T U V K E Y U F G T R R A N O E D L L C
H P E Q N Y S F Q E U I V V W N N A E Q
E J S H T E V N K R Z G E V S J O S S E
R S O F A R A B B I J O N G R O T T Z V
E A N C O Z O Y S Y P D L Y B X P I Q P
O H H G B W I T N E S S Y S O O E N D O
F P I E H A Y M K X F G V I R Y R G Z R
G O M V S T I Q D H E E X G N W I L N S
B Q Y M O S E S W G Y E K C A C S I N P
G E A R T H L Y T H I N G S G G H F R I
U I X G C U P R A K W F X F A U X E F R
S V S M N I C O D E M U S W I N L L M I
F L E S H C O M B Y Z V P S N L P G U T
P S K P G K F M J C J I T X Z M R G F I
```

NICODEMUS	RABBI	MIRACLES	BORN AGAIN	WATER
SPIRIT	FLESH	MARVEL NOT	WIND BLOWS	SOUND THEREOF
RECEIVE	WITNESS	HEAVENLY	MOSES	LIFTED UP
EARTHLY THINGS	SERPENT	BELIEVES ON HIM	SHOULD NOT PERISH	EVERLASTING LIFE

When therefore the Lord knew how the Pharisees had heard that Jesus made and baptized more disciples than John, (Though Jesus Himself baptized not, but His disciples,) He left Judaea, and departed again into Galilee. And He must needs go through Samaria. Then came He to a city of Samaria, which is called Sychar, near to the parcel of ground that Jacob gave to his son Joseph. Now Jacob's well was there. Jesus therefore, being wearied with *His* journey, sat thus on the well: *and* it was about the sixth hour. There came a woman of Samaria to draw water: Jesus said to her, Give Me to drink. (For His disciples were gone away to the city to buy meat.) Then said the woman of Samaria to Him, How is it that You, being a Jew, ask drink of me, which am a woman of Samaria? for the Jews have no dealings with the Samaritans. Jesus answered and said to her, If you knew the gift of God, and who it is that says to you, Give Me to drink; you would have asked of Him, and He would have given you living water. The woman said to Him, Sir, You have nothing to draw with, and the well is deep: from where then have You that living water? Are You greater than our father Jacob, which gave us the well, and drank thereof himself, and his children, and his cattle? Jesus answered and said to her, Whosoever drinks of this water shall thirst again: But whosoever drinks of the water that I shall give him shall never thirst; but the water that I shall give him shall be in him a well of water springing up into everlasting life. The woman said to Him, Sir, give me this water, that I thirst not, neither come here to draw. Jesus said to her, Go, call your husband, and come here. The woman answered and said, I have no husband. Jesus said to her, You have well said, I have no husband: For you have had five husbands; and he whom you now have is not your husband: in that said you truly. The woman said to Him, Sir, I perceive that You are a prophet. Our fathers worshiped in this mountain; and you say, that in Jerusalem is the place where men ought to worship. Jesus said to her, Woman, believe Me, the hour comes, when you shall neither in this mountain, nor yet at Jerusalem, worship the Father. You worship you know not what: we know what we worship: for salvation is of the Jews. But the hour comes, and now is, when the true worshippers shall worship the Father in spirit and in truth: for the Father seeks such to worship him. God *is* a Spirit: and they that worship Him must worship *Him* in spirit and in truth. The woman said to Him, I know that Messiah comes, which is called Christ: when He is come, He will tell us all things. Jesus said to her, I that speak to you am *He*.

```
U N D T L I V I N G W A T E R S J B I T
U J A U B P P P H I V G G W E O G I O S D
H K Q F K Q R K H U H P C V X O A E P T
G H P F M V N A L D X G S E S L M B I H
C N K Y N P A K S Z M E H R A W H C R I
K W U E T W T Z R M R T X L L O E F I R
S G V K W Z A Y P P N K Y A V R S D T S
R I M W V I B J W E C A T S A S N W A T
W V E A S K O F H I M L B T T H I Q N P
O E T A U O S H Z D G Y A I I I Q M D R
M M E H U S B A N D V Z V N O P Q E T X
A E E C O D U U H I U Q S G N P Q S R X
N T O V M U Y B H Z E Z R L X E P S U N
L O S W P E R C E I V E M I N D R I T P
K D Q A Y P S A M A R I A F S A O A H S
L R D N C G K I T J C L T E O D P H P Z
X I G A P I U G L D Y K V E Z Z H I T R
D N J A C O B S W E L L E Q G O E P L E
V K S P R I N G U P R J K Q F A T R Q X
M O U N T A I N R H R P G O U F O F T F
```

SAMARIA	JACOB'S WELL	WOMAN	ASK OF HIM	LIVING WATER
THIRST	SPRING UP	HUSBAND	PERCEIVE	PROPHET
EVERLASTING LIFE	WORSHIPPED	MOUNTAIN	SALVATION	MESSIAH
GIVE ME TO DRINK	SPIRIT AND TRUTH	I AM HE		

94. JOHN 4:27-38 THE WHITENED HARVEST

And upon this came His disciples, and marveled that He talked with the woman: yet no man said, What seek You?, or, Why talk You with her? The woman then left her water pot, and went her way into the city, and said to the men, Come, see a man, which told me all things that ever I did: is not this the Christ? Then they went out of the city, and came to Him. In the mean while His disciples prayed Him, saying, Master, eat. But He said to them, I have meat to eat that you know not of. Therefore said the disciples one to another, Has any man brought Him *anything* to eat? Jesus said to them, My meat is to do the will of Him that sent Me, and to finish His work. Say not you, There are yet four months, and *then* comes harvest? behold, I say to you, Lift up your eyes, and look on the fields; for they are white already to harvest. And he that reaps receives wages, and gathers fruit to life eternal: that both he that sows and he that reaps may rejoice together. And herein is that saying true, One sows, and another reaps. I sent you to reap that whereon you bestowed no labor: other men labored, and you are entered into their labors.

H	D	D	H	A	R	V	E	S	T	D	D	M	S	J	W	F	I

WATER POT

| C | I | N | X | E | L | K | N | F | P | F | K | E | S | R | X | A | W |

COME AND SEE

| A | N | I | N | X | C | H | R | I | S | T | G | A | J | W | I | T | Z |

CHRIST

| F | I | C | G | H | K | Y | T | Q | F | Z | B | T | P | H | L | H | I |

MEAT TO EAT

| W | I | T | O | W | F | B | Z | Q | B | S | Y | T | F | I | S | E | Q |

WILL OF HIM

| H | J | E | F | M | B | N | N | U | D | O | O | S | T | T | R | R |

SENT ME

| P | P | G | L | O | E | F | T | V | J | U | D | E | D | E | G | S | W |

HIS WORK

| I | S | B | P | D | U | A | M | D | D | S | V | A | A | G | W | F | S |

FOUR MONTHS

| F | A | D | Q | Z | S | R | N | A | W | L | W | T | X | G | A | R | E |

HARVEST

| G | X | O | V | X | N | B | M | D | V | R | E | Z | A | P | T | U | R |

FIELDS

| L | G | X | E | V | T | J | R | O | S | S | E | N | T | M | E | I | E |

WHITE

| U | M | Y | X | R | W | D | Z | P | N | E | J | A | O | H | R | T | C |

REAPS

| K | Q | I | Z | E | V | I | H | E | K | T | E | M | P | B | P | K | E |

RECEIVES

| K | R | T | A | Y | N | A | X | W | L | W | H | H | P | S | O | M | I |

WAGES

| J | P | C | H | I | S | W | O | R | K | B | S | S | H | Z | T | O | V |

FATHER'S FRUIT

| W | I | L | L | O | F | H | I | M | K | J | Z | A | F | I | X | W | E |

LABORED

| I | N | G | W | A | G | E | S | C | H | E | V | N | G | W | T | E | S |

| O | N | W | W | B | G | R | S | L | A | B | O | R | E | D | J | G | D |

The Pharisees heard that the people murmured such things concerning Him; and the Pharisees and the chief priests sent officers to take Him. Then said Jesus to them, Yet a little while am I with you, and *then* I go to Him that sent Me. You shall seek Me, and shall not find *Me*: and where I am, *there* you cannot come. Then said the Jews among themselves, Where will He go, that we shall not find Him? will He go to the dispersed among the Gentiles, and teach the Gentiles? What *manner of* saying is this that He said, You shall seek Me, and shall not find *Me*: and where I am, *there* you cannot come?

JOHN 7:37–39 THE PROMISE OF THE HOLY SPIRIT

In the last day, that great *day* of the feast, Jesus stood and cried, saying, If any man thirst, let him come to Me, and drink. He that believes on Me, as the scripture has said, out of his belly shall flow rivers of living water. (But this spoke He of the Spirit, which they that believe on Him should receive: for the Holy Ghost was not yet *given*; because that Jesus was not yet glorified.)

LITTLE WHILE	Z N N U G V L X M U N C M M L E S V
WITH YOU	D I S P E R S E D M Z J E M I Q C S
GO TO HIM	K J O B D C S T N T K B A C V S R I
SENT ME	E Y A H O L Y G H O S T O M I X I G
SEEK	C X P J P B Z G T G F H D C N W P E
FIND	R E C E I V E O B W L G K N G I T N
CANNOT COME	Z O I D V S B T Z U L A Q O W T U T
DISPERSED	S I H G X B S O T F X L R R A H R I
GENTILES	T L U E K U K H D I Z U H C T Y E L
THIRST	D R I N K C G I N H G S I W E O S E
DRINK	F L B A L U L M X R S E E K R U I S
SCRIPTURES	I Y G W T Y S J B H X E T N L T W A
BELLY	N A R J I M P J A T D Y T Y T H K C
LIVING WATER	D T C A N N O T C O M E T B W M R O
RECEIVE	L I T T L E W H I L E H N A V I E B
HOLY GHOST	H R R G L Z W R B E L L Y C T V C N
	P V T T H I R S T E W C S T E G A L
	R R Y G N L B D V Y D O V C Y V K R

96. MATTHEW 21:18-19 THE FIG TREE WITHERED

Now in the morning as He returned into the city, He hungered. And when He saw a fig tree in the way, He came to it, and found nothing thereon, but leaves only, and said to it, Let no fruit grow on you from now on for ever. And presently the fig tree withered away.

MATTHEW 21:20-22 THE LESSON OF THE WITHERED FIG TREE

And when the disciples saw *it*, they marveled, saying, How soon is the fig tree withered away! Jesus answered and said to them, Verily I say to you, If you have faith, and doubt not, you shall not only do this *which is done* to the fig tree, but also if you shall say to this mountain, Be you removed, and be you cast into the sea; it shall be done. And all things, whatsoever you shall ask in prayer, believing, you shall receive.

```
C P Y H I N Z H L W D V J B R Z
O F U H B N M X F A C U H E E C
F C B R O X T C Y A Q M K L M T
L F D G E M K O V O I O H I O J
L E H N G J O X T D I T F E V M
Q B A V O H P U T H X W H V E T
C Y W V T T O C N G E E X I D G
A E H G E V H E W T I S W N Q C
S S L A W S B I O H A N E G G R
T L M P B E F D N P L I C A Y E
Q K I F O I H E C G O I N E H C
D B M I M W F N O F R U I T B E
G B R D E K W I T H E R E D B I
E X P H U N G E R E D C X D E V
F I G T R E E C P R A Y E R A E
K T J T U V Q A G Q C B Q W G N
```

HUNGERED

FIG TREE

NOTHING

LEAVES

NO FRUIT

WITHERED

FAITH

MOUNTAIN

REMOVED

CAST

INTO THE SEA

PRAYER

BELIEVING

RECEIVE

97. MATTHEW 21:23–27 JESUS' AUTHORITY QUESTIONED

And when He was come into the temple, the chief priests and the elders of the people came to Him as He was teaching, and said, By what authority do You these things? And who gave You this authority? And Jesus answered and said to them, I also will ask you one thing, which if you tell Me, I in like wise will tell you by what authority I do these things. The baptism of John, from where was it? from heaven, or of men? And they reasoned with themselves, saying, If we shall say, From heaven; He will say to us, Why did you not then believe him? But if we shall say, Of men; we fear the people; for all hold John as a prophet. And they answered Jesus, and said, We cannot tell. And He said to them, Neither tell I you by what authority I do these things.

TEMPLE	L	K	N	P	C	V	J	D	R	L	I	O	R	S	H	G
TEACHING	I	O	E	T	T	S	Q	Z	E	E	E	U	K	X	T	Y
AUTHORITY	K	Z	I	V	E	K	P	B	A	P	R	J	U	M	E	C
GAVE YOU	E	N	T	O	M	J	Y	U	S	R	L	K	P	A	L	A
ONE THING	W	A	H	S	P	T	J	A	O	O	N	W	N	V	L	N
LIKEWISE	I	N	E	O	L	A	D	A	N	P	L	F	E	B	Y	N
TELL YOU	S	P	R	R	E	B	C	X	E	H	H	S	S	J	O	O
BAPTISM	E	N	X	A	P	Z	G	L	D	E	A	H	O	E	U	T
REASONED	T	E	A	C	H	I	N	G	I	T	V	L	X	Z	B	T
BELIEVE	Q	G	Z	U	E	G	A	V	E	Y	O	U	J	N	E	E
FEAR THE PEOPLE	W	A	U	H	U	V	Y	H	Y	P	C	O	V	S	L	L
PROPHET	F	E	A	R	T	H	E	P	E	O	P	L	E	N	I	L
CANNOT TELL	E	V	X	U	O	N	E	T	H	I	N	G	Q	U	E	Q
NEITHER	I	A	V	A	U	T	H	O	R	I	T	Y	H	N	V	B
	F	S	L	B	G	Q	V	M	A	A	P	V	Y	V	E	Q
	A	B	A	P	T	I	S	M	M	J	D	Y	N	T	M	X

Verily, verily, I say to you, He that hears My word, and believes on Him that sent Me, has everlasting life, and shall not come into condemnation; but is passed from death to life. Verily, verily, I say to you, The hour is coming, and now is, when the dead shall hear the voice of the Son of God: and they that hear shall live. For as the Father has life in Himself; so has He given to the Son to have life in Himself; And has given Him authority to execute judgment also, because He is the Son of Man. Marvel not at this: for the hour is coming, in the which all that are in the graves shall hear His voice, And shall come forth; they that have done good, to the resurrection of life; and they that have done evil, to the resurrection of damnation. I can of My own self do nothing: as I hear, I judge: and My judgment is just; because I seek not My own will, but the will of the Father which has sent Me.

```
D H R G P J D N N C X V U M A A U Q
M O E Y V Y G N S H I W Q A U B A D
B U S E L V I Y D T G Y A R T E M O
G R U X U V E R I L Y K H V H L I D
Z I R E J U D G M E N T E E O I V H
M S R C T J H G U U E X N L R E O X
P C E U V G Q M A E B T B N I V I C
Z O C T C Y X R Z I P P X O T E C V
S M T E B D O N E G O O D T Y O E M
A I I W U D J X N C H L L R E N B Y
R N O Z K P A M F O S K I P Y H M O
A G N M Y W O R L D X O Q O W I M W
C O N D E M N A T I O N O D D M P N
G R A V E S E M B B I W D M T X K W
D E A T H T O L I F E E K M P W W I
E C O M E F O R T H R L N Y P O T L
S T Q I O Z F A T H E R B Y V N U L
S X J R J E V E R L A S T I N G I P
```

VERILY
MY WORLD
BELIEVE ON HIM
EVERLASTING
CONDEMNATION
DEATH TO LIFE
HOUR IS COMING
VOICE
AUTHORITY
EXECUTE
JUDGMENT
MARVEL NOT
GRAVES
COME FORTH
DONE GOOD
RESURRECTION
MY OWN WILL
FATHER

If I bear witness of Myself, My witness is not true. There is another that bears witness of Me; and I know that the witness which he witnesses of Me is true. You sent to John, and he bore witness to the truth. But I receive not testimony from man: but these things I say, that you might be saved. He was a burning and a shining light: and you were willing for a season to rejoice in his light. But I have greater witness than *that* of John: for the works which the Father has given Me to finish, the same works that I do, bear witness of Me, that the Father has sent Me. And the Father Himself, which has sent Me, has borne witness of Me. You have neither heard His voice at any time, nor seen His shape. And you have not His word abiding in you: for whom He has sent, Him you believe not. Search the scriptures; for in them you think you have eternal life: and they are they which testify of Me. And you will not come to Me, that you might have life. I receive not honor from men. But I know you, that you have not the love of God in you. I am come in My Father's name, and you receive Me not: if another shall come in his own name, him you will receive. How can you believe, which receive honor one of another, and seek not the honor that *comes* from God only? Do not think that I will accuse you to the Father: there is *one* that accuses you, *even* Moses, in whom you trust. For had you believed Moses, you would have believed Me: for he wrote of Me. But if you believe not his writings, how shall you believe My words?

```
Y X N A Y Z Q I X K R E J O I C E V E R
F A W I L L I N G C A U O B F M I A P B
U M J Q X P E F E F W R K V A Q F N D U
E V X F H M F B E S A V E D N P V H U R
E G T E S T I M O N Y P I R B N A M S N
W B O A R D T P K Y N T R S H A P E P I
L U O W H B A C C U S E Y O U F J F S N
F A T H E R Y N E S C R I P T U R E S G
S O A T W I W P L T D H G N A G W G X U
I H I S W O R D T M E S I M L Q V R G W
V X B Y T K X N F K U R P G P G J E A U
W D K V R X C R X S H I N I N G E A N J
V B U X W S U W L E Q Y K A T M A T O L
P G L X S D P M N I X J C P L A U E T L
O W V O N Y L G Z J W A D F D L J R H V
F A M L O V E O F G O D E J L F I L E O
Q R N V Z X H I X V R K M M J R F R I
M J P B E A R W I T N E S S F T E Z E C
T S K S E A S O N N T C X S H O N O R E
R E C E I V E D L Y X F X V R M Z Y W A
```

BEAR WITNESS	ANOTHER	RECEIVE	TESTIMONY	BE SAVED
BURNING	SHINING	WILLING	SEASON	REJOICE
GREATER	FATHER	VOICE	SHAPE	HIS WORD
SCRIPTURES	ETERNAL LIFE	LOVE OF GOD	HONOR	ACCUSE YOU

100. JOHN 8:13–20 JESUS DEFENDS HIS SELF-WITNESS

The Pharisees therefore said to Him, You bear record of Yourself; Your record is not true. Jesus answered and said to them, Though I bear record of Myself, *yet* My record is true: for I know from where I came, and where I go; but you cannot tell from where I come, and where I go. You judge after the flesh; I judge no man. And yet if I judge, My judgment is true: for I am not alone, but I and the Father that sent Me. It is also written in your law, that the testimony of two men is true. I am one that bear witness of Myself, and the Father that sent Me bears witness of Me. Then said they to Him, Where is Your Father? Jesus answered, You neither know Me, nor My Father: if you had known Me, you should have known My Father also. These words spoke Jesus in the treasury, as He taught in the temple: and no man laid hands on Him; for His hour was not yet come.

JOHN 8:21–30 JESUS PREDICTS HIS DEPARTURE

Then said Jesus again to them, I go My way, and you shall seek me, and shall die in your sins: where I go, you cannot come. Then said the Jews, Will He kill Himself? because He says Where I go, you cannot come. And He said to them, You are from beneath; I am from above: you are of this world; I am not of this world. I said therefore to you, that you shall die in your sins: for if you believe not that I am *He*, you shall die in your sins. Then said they to Him, Who are You? And Jesus said to them, Even *the same* that I said to you from the beginning. I have many things to say and to judge of you: but He that sent Me is true; and I speak to the world those things which I have heard of Him. They understood not that He spoke to them of the Father. Then said Jesus to them, When you have lifted up the Son of Man, then shall you know that I am *He*, and *that* I do nothing of Myself; but as My Father has taught Me, I speak these things. And He that sent Me is with Me: the Father has not left Me alone; for I do always those things that please Him. As He spoke these words, many believed on Him.

```
A S H O I T S E M X D L K C J G
Z B T B F K O G A Z V I T A U R
W V E Y I T O T Z A A F Y N D I
R O U N U Y H A Z R T T R N G W
I A G O E V V I O M R E V O E H
T M O D C A Z H S K R D I T L E
T K Q F J W T W G W Q U Q T K R
E M I X Y J P H Q Q O P P E W E
N P E O O B B J U K Q R T L I I
H Y T T E S T I M O N Y L L T C
T R E A S U R Y K X O J T D N O
U G W G G X X S S F S H E P E M
N B E A R R E C O R D T T D S E
N L T R U E Y D W Z H V V P S K
O A L O N E Q M T A U G H T U G
Z R I M R A X I S J S R N G B K
```

BEAR RECORD	TRUE	WHERE I COME	CANNOT TELL	JUDGE
ALONE	WRITTEN	TESTIMONY	WITNESS	TREASURY
BENEATH	OF THIS WORLD	LIFTED UP	TAUGHT	

101. JOHN 8:31–36 THE TRUTH SHALL MAKE YOU FREE

Then said Jesus to those Jews which believed on Him, If you continue in My word, *then* are you My disciples indeed; And you shall know the truth, and the truth shall make you free. They answered Him, We be Abraham's seed, and were never in bondage to any man: how say You, You shall be made free? Jesus answered them, Verily, verily, I say to you, Whosoever commits sin is the servant of sin. And the servant abides not in the house for ever: *but* the Son abides ever. If the Son therefore shall make you free, you shall be free indeed.

JOHN 8:37–47 ABRAHAM'S SEED AND SATAN'S

I know that you are Abraham's seed; but you seek to kill Me, because My word has no place in you. I speak that which I have seen with My Father: and you do that which you have seen with your father. They answered and said to Him, Abraham is our father. Jesus says to them, If you were Abraham's children, you would do the works of Abraham. But now you seek to kill Me, a man that has told you the truth, which I have heard of God: this did not Abraham. You do the deeds of your father. Then said they to Him, We be not born of fornication; we have one Father, *even* God. Jesus said to them, If God were your Father, you would love Me: for I proceeded forth and came from God; neither came I of Myself, but He sent Me. Why do you not understand My speech? even because you cannot hear My word. You are of your father the devil, and the lusts of your father you will do. He was a murderer from the beginning, and abode not in the truth, because there is no truth in him. When he speaks a lie, he speaks of his own: for he is a liar, and the father of it. And because I tell *you* the truth, you believe Me not. Which of you convinces Me of sin? And if I say the truth, why do you not believe Me? He that is of God hears God's words: you therefore hear *them* not, because you are not of God.

CONTINUE   MY WORD   DISCIPLES   KNOW THE TRUTH   SET FREE

ABIDES FOR EVER   FREE INDEED   ABRAHAM'S SEED   DEEDS   PROCEEDED

```
C W K Z Z Z Z M Q C P D D Q A
P O T C O J K M H G R Z G M L
I V N F T Z M O W G O K W B K
S I A T R N P D C M C Y F O N
I R I X I E P Q E B E W O Y O
U H Z V I N E X M E E Z T G W
N S Y U W L U I N G D A M A T
X K C P Q P L E N Q E S Y U H
S E T F R E E T D D D D W H E
R H C J Z S V Z F C E J O B T
A B I D E S F O R E V E R R R
O G X Y Q K D B V C E T D Y U
N K X X B U V K G L U E S W T
J M Z F Y D I S C I P L E S H
Y A B R A H A M S S E E D C P
```

102. JOHN 8:48–59 BEFORE ABRAHAM WAS, I AM

Then answered the Jews, and said to Him, Say we not well that You are a Samaritan, and have a devil? Jesus answered, I have not a devil; but I honor My Father, and you do dishonor Me. And I seek not My own glory: there is One that seeks and judges. Verily, verily, I say to you, If a man keep My saying, he shall never see death. Then said the Jews to Him, Now we know that You have a devil. Abraham is dead, and the prophets; and You say, If a man keep My saying, he shall never taste of death. Are You greater than our father Abraham, which is dead? and the prophets are dead: whom make You Yourself? Jesus answered, If I honor Myself, My honor is nothing: it is My Father that honors Me; of whom you say, that He is your God: Yet you have not known Him; but I know Him: and if I should say, I know Him not, I shall be a liar like to you: but I know Him, and keep His saying. Your father Abraham rejoiced to see My day: and he saw *it*, and was glad. Then said the Jews to Him, You are not yet fifty years old, and have You seen Abraham? Jesus said to them, Verily, verily, I say to you, Before Abraham was, I am. Then took they up stones to cast at Him: but Jesus hid Himself, and went out of the temple, going through the midst of them, and so passed by.

```
D  C  K  K  N  B  S  G  C  H  A  N  C  S  T
A  O  H  E  M  Y  T  K  C  G  N  K  G  E  H
E  I  O  L  E  C  A  T  A  M  S  X  J  E  Q
R  Y  N  F  E  P  R  U  G  T  W  Z  A  K  M
Q  X  O  H  P  H  M  P  A  Q  E  V  M  S  Y
Q  I  R  B  F  I  C  Y  K  W  R  M  T  A  O
Y  K  J  Z  K  C  A  O  S  T  E  L  L  N  W
D  I  S  H  O  N  O  R  U  A  D  Q  I  D  N
Z  L  S  K  W  M  B  O  J  H  Y  Q  A  J  G
G  V  J  B  M  X  V  S  M  M  U  I  R  U  L
I  A  M  X  L  Q  Y  Z  G  J  L  D  N  D  O
U  Q  H  E  I  O  S  C  Z  E  P  A  Q  G  R
F  B  D  X  M  S  E  E  D  E  A  T  H  E  Y
M  A  W  A  A  X  E  P  N  I  V  S  M  S  Y
S  A  A  B  R  A  H  A  M  Y  S  Z  R  N  Z
```

ANSWERED

HONOR

DISHONOR

MY OWN GLORY

SEEKS AND JUDGES

KEEP MY SAYING

SEE DEATH

ABRAHAM

LIAR

I AM

But what think you? A *certain* man had two sons; and he came to the first, and said, Son, go work today in my vineyard. He answered and said, I will not: but afterward he repented, and went. And he came to the second, and said likewise. And he answered and said, I *go*, sir: and went not. Whether of them two did the will of *his* father? They say to Him, The first. Jesus says to them, Verily I say to you, That the publicans and the harlots go into the kingdom of God before you. For John came to you in the way of righteousness, and you believed him not: but the publicans and the harlots believed him: and you, when you had seen *it*, repented not afterward, that you might believe him.

TWO SONS

VINEYARD

ANSWERED

REPENTED

LIKEWISE

WENT NOT

WILL OF THE FATHER

THE FIRST

WAY OF
   RIGHTEOUSNESS

KINGDOM OF GOD

```
C Z B M F X B C F T F K I L G T Z V D S
K W Q C W P S U B S S M I E A P D I E Y
V A A N J P L E F Q M E I Q L J C Y V L
I H F Y F J U R Z W M Z K H M Z U A V I
N G I R O K Q Q T R L Y G V O J U E Q K
E W Q B Q F C V M A Y E Z A Y Y L K K E
Y W B E P R R R D Y T H E F I R S T I W
A J S A X L B I P R A K V D S X Q P N I
R L E Q N O Z O G N D Y X E M N E M G S
D D Y O X S G F N H G U F T Y C O B D E
S S T M L I W G S N T H Z H O T W P O L
B T U W O P N E P H O E F X Y W Z F M Z
P K A G O C K W R B Q J O T L R C J O L
M A W D Y S V V F E L P H U I A S M F W
F H G J B B O P N Q D A W R S C G Z G P
W F A O K G U N N Q S Z Q B W N E Z O E
D V R Z V H F L S I S P Z C K L E D D Z
F W O S T W V H J C L C X I Z O U S N P
W I L L O F T H E F A T H E R K J W S I
J R E P E N T E D G S I W E N T N O T F
```

104. MATTHEW 21:33–46
THE PARABLE OF THE WICKED HUSBANDMEN

Hear another parable: There was a certain householder, which planted a vineyard, and hedged it round about, and digged a winepress in it, and built a tower, and let it out to husbandmen, and went into a far country: And when the time of the fruit drew near, he sent his servants to the husbandmen, that they might receive the fruits of it. And the husbandmen took his servants, and beat one, and killed another, and stoned another. Again, he sent other servants more than the first: and they did to them likewise. But last of all he sent to them his son, saying, They will reverence my son. But when the husbandmen saw the son, they said among themselves, This is the heir; come, let us kill him, and let us seize on his inheritance. And they caught him, and cast *him* out of the vineyard, and slew *him*. When the lord therefore of the vineyard comes, what will he do to those husbandmen? They say to Him, He will miserably destroy those wicked men, and will let out *his* vineyard to other husbandmen, which shall render him the fruits in their seasons. Jesus says to them, Did you never read in the scriptures, The stone which the builders rejected, the same is become the head of the corner: this is the Lord's doing, and it is marvelous in our eyes? Therefore say I to you, The kingdom of God shall be taken from you, and given to a nation bringing forth the fruits thereof. And whosoever shall fall on this stone shall be broken: but on whomsoever it shall fall, it will grind him to powder. And when the chief priests and Pharisees had heard His parables, they perceived that He spoke of them. But when they sought to lay hands on Him, they feared the multitude, because they took Him for a prophet.

L Q O R E J E C T E D X U Q H L K H V D
D Q B O W Q I S C D C D W R J Y M E L C
K O S D J D K X S Q F V R E Q E Q I O W
H U A Z E L B G Q R F F Q V V E A R R I
T E H P J S R W P I N D X E L I T Q D N
Q K D O S R T F P Y Q I Y R E K T D Z E
E Z W G A G P R A I U H O E R T D O V P
C I J K E T J L O W L J W N N P Q G I R
F O J O S D Z X O Y I N E C T J G R N E
N P R A O H U S B A N D M E N B B I E S
N U N N P Y S S E A S O N I N R W N Y S
I A L O E B N T T Q U I P S O N Y D A F
C Q T X U R O M O W N B U H T F U H R R
T W L I H H S B D N K H P Z S O Z O D C
J X M V O O H T W G E D A L P F N H W K
X L N N X N P W O T N E I F A L L E D R
N R X P K N V E N N F Z B C G I J Z D U
I N H E R I T A N C E Q T H G P B K Y E
P S B J M F T B G G H Y M Q O V B T Z Y
C D B T N L O K U B R O K E N I C E A N

VINEYARD	HEDGED	WINEPRESS	HUSBANDMEN	STONED
REVERENCE	HEIR	INHERITANCE	LORD	DESTROY
SEASON	STONE	REJECTED	CORNERSTONE	NATION
FALL	GRIND	BROKEN		

And Jesus answered and spoke to them again by parables, and said, The kingdom of heaven is like to a certain king, which made a marriage for his son, And sent forth his servants to call them that were bidden to the wedding: and they would not come. Again, he sent forth other servants, saying, Tell them which are bidden. Behold, I have prepared my dinner: my oxen and *my* fatlings *are* killed, and all things *are* ready: come to the marriage. But they made light of *it,* and went their ways, one to his farm, another to his merchandise: And the remnant took his servants, and entreated *them* spitefully, and slew *them.* But when the king heard *thereof,* he was angry: and he sent forth his armies, and destroyed those murderers, and burned up their city. Then said he to his servants, The wedding is ready, but they which were bidden were not worthy. Go you therefore into the highways, and as many as you shall find, bid to the marriage. So those servants went out into the highways, and gathered together all as many as they found, both bad and good: and the wedding was furnished with guests. And when the king came in to see the guests, he saw there a man which had not on a wedding garment: And he said to him, Friend, how came you in here not having a wedding garment? And he was speechless. Then said the king to the servants, Bind him hand and foot, and take him away, and cast *him* into outer darkness; there shall be weeping and gnashing of teeth. For many are called, but few *are* chosen.

```
P F R B I D D E N T Z G S L Q O H G R C
Q N W D B I P U K V K J M R L F I S E D
G F Y I F U I U D O X E N I M A G Z M O
X R C N S B W V E O I W P I J T H L N U
R S A N S P E E C H L E S S R L W R A T
N E L E Y Q N I C U M K R K B I A A N E
E I L R U G Q R G O L F M U I N Y Q T R
H H E O B W B C L O B L Y X J G G W V D
K F D Y X Q U H Q A D O X O O S F E Y A
S H U V I A G P R E P A R E D M T D F R
V G A R M E N T N O N H J V S Z S D P K
S W W E N S L X Z I W D U C N B Y I H N
F I B W M I V K Q K G G Q D Q N D N K E
B P M C W O S C Q W V X K Q Z H N G W S
W E E P I N G H M Y V K Z C C C Q K V S
Q G E A N M F O E K W O R T H Y N J M X
I P E Z J A Z S P D E I U W T K T L D I
N U V G A T H E R T O G E T H E R M C Q
B N Q P C O E N P I R M B N O D A N I G
R V V M A R R I A G E A N W F B M H Y Z
```

MARRIAGE	BIDDEN	WEDDING	PREPARED	DINNER
OXEN	FATLINGS	REMNANT	WORTHY	HIGHWAY
GATHER TOGETHER	FURNISHED	SPEECHLESS	GARMENT	OUTER DARKNESS
WEEPING	CALLED	CHOSEN		

106. MATTHEW 22:15–22
THE PHARISEES: IS IT LAWFUL TO PAY TAXES TO CAESAR?

Then went the Pharisees, and took counsel how they might entangle Him in *His* talk. And they sent out to Him their disciples with the Herodians, saying, Master, we know that You are true, and teach the way of God in truth, neither care You for any *man:* for You regard not the person of men. Tell us therefore, What think You? Is it lawful to give tribute to Caesar, or not? But Jesus perceived their wickedness, and said, Why tempt you Me, *you* hypocrites? Show Me the tribute money. And they brought to Him a penny. And He says to them, Whose *is* this image and superscription? They say to Him, Caesar's. Then said He to them, Render therefore to Caesar the things which are Caesar's; and to God the things that are God's. When they had heard *these words,* they marveled, and left Him, and went their way.

ENTANGLE	D T S T T N Q G W M V U X A T W G O
TRUE	I H T U A Z U U X A D H T N R F M S
TEACH	M I Q E P F B V J L K X T Y O B R T
WAY OF GOD	A N R J A E W M J G V R T M C Q E K
CARE	G G O E H C R X N B W O M A K M G Q
ANY MAN	E S I T J M H S L O H T R N L R A C
REGARD NOT	A O T W R L P R C H T V W V X A R I
LAWFUL	Y F R H D M W I I R F L C A Y U D D
TRIBUTE	P G I M C E C L W M I Y T M D H N E
CAESAR	M O B M N A K B A K O P S W P X O N
WICKEDNESS	G D U S I S E U L W U G T H M J T T
IMAGE	U L T R U E R S C C F G N I L O U A
SUPERSCRIPTION	P R E Z D W C H A Z O U G Z O M C N
RENDER	A H K F V D K C M R K C L P X N A G
THINGS OF GOD	L Z K O W W I C K E D N E S S J R L
	L R Y D E B Q O G Q X N R N E G E E
	R E N D E R T P L W A Y O F G O D E
	G D T Y V I T R B L Y T A T B O H K

THE SADDUCEES: WHAT ABOUT THE RESURRECTION?

The same day came to Him the Sadducees, which say that there is no resurrection, and asked Him, Saying, Master, Moses said, If a man die, having no children, his brother shall marry his wife, and raise up seed to his brother. Now there were with us seven brethren: and the first, when he had married a wife, deceased, and, having no issue, left his wife to his brother: Likewise the second also, and the third, to the seventh. And last of all the woman died also. Therefore in the resurrection whose wife shall she be of the seven? for they all had her. Jesus answered and said to them, You do err, not knowing the scriptures, nor the power of God. For in the resurrection they neither marry, nor are given in marriage, but are as the angels of God in heaven. But as touching the resurrection of the dead, have you not read that which was spoken to you by God, saying, I am the God of Abraham, and the God of Isaac, and the God of Jacob? God is not the God of the dead, but of the living. And when the multitude heard *this*, they were astonished at His doctrine.

```
Q P Z Q W F S A M T R K C U C O Y M        RESURRECTION
M V P S V N W N A L P M L Y H A A Q         MOSES
O B O C R H M B O V Y U B F I N Q J         CHILDREN
S S W R V A I B M I D B E Y L G A V         BROTHER
E Q E I M T I X J F R G C F D E J S         WIFE
S X R P A Q A S I G T X I O R L Y E         RAISE UP SEED
Y D O T A A F U E A E Q B C E S K V         SEVEN BRETHREN
U E F U S F W E Z U M J N N N O W E         DECEASED
I C G R Y Q E S L X P D H K M F I N         ISSUE
X E O E Y W Q N B M X S N A F G F B         WHOSE WIFE
T A D S S I S S U E B X E L O O E R         SCRIPTURES
Y S N A K D C T F H L R V E H D R E         POWER OF GOD
D E R E S U R R E C T I O N D B G T         NEITHER MARRY
Z D A X S Y Y D K Z W O O T I K H H         ANGELS OF GOD
G O D O F T H E L I V I N G H P C R         I AM
X V H O Y D F E R R W Y W L U E R E         GOD OF THE LIVING
N E I T H E R M A R R Y G P N P R N
J Y C B G R M G W H O S E W I F E X
```

108. MATTHEW 22:34–40
THE SCRIBES: WHICH IS THE FIRST COMMANDMENT OF ALL?

But when the Pharisees had heard that He had put the Sadducees to silence, they were gathered together. Then one of them, *which was* a lawyer, asked *Him a question*, tempting Him, and saying, Master, which *is* the great commandment in the law? Jesus said to him, You shall love the Lord your God with all your heart, and with all your soul, and with all your mind. This is the first and great commandment. And the second *is* like to it, You shall love your neighbor as yourself. On these two commandments hang all the law and the prophets.

FATHER

QUESTION

TEMPTING

MASTER

GREATEST

COMMANDMENT

LOVE THE LORD

ALL YOUR HEART

ALL YOUR SOUL

ALL YOUR MIND

FIRST

SECOND

LOVE YOUR NEIGHBOR

LAW AND PROPHETS

```
L Q F T O Q R Q O K X T Z Z L L
X N H A J Q K B W A C B L N O G
G O B I T G C R P L O A A H V I
U L Z Y S H U V Z L M L W A E C
O M Y Z F I E Y Q Y M L A L Y S
H J J Z I I H R K O A Y N L O R
S P N U Y W Q Q M U N O D Y U T
F E N F V U X I A R D U P O R H
P I C B V F I S S M M R R U N J
M P R O B B K T T I E S O R E B
X C K S N A W T E N N O P H I I
Y L S Q T D N G R D T U H E G N
Z N U G R E A T E S T L E A H R
V H C Q U E S T I O N L T R B A
L O V E T H E L O R D G S T O P
L S A K K T E M P T I N G P R D
```

109. MATTHEW 22:41–46
JESUS: HOW CAN DAVID CALL HIS DESCENDANT LORD?

While the Pharisees were gathered together, Jesus asked them, Saying, What think you of Christ? whose son is He? They said to Him, *The Son* of David. He said to them, How then does David in Spirit call Him Lord, saying, The Lord said to My Lord, Sit You on My right hand, till I make Your enemies Your footstool? If David then call Him Lord, how is He his son? And no man was able to answer Him a word, neither dared any *man* from that day forth ask Him any more *questions*.

```
E Q M W K J T N Y G K O P E A        CHRIST
Z M U H X X K D I D V R Q N M        WHOSE SON
P Q F O V J N A U S X I T E K        DAVID
H Q B S E U F V P D S F M M G        CALL HIM LORD
I K K E D O D I B A V O F I V        RIGHT HAND
S Y B S Z S S D M R V O C E M        ENEMIES
S J R O Y O T V W E U T S S I        FOOTSTOOL
O F H N U R L I V D D S N N B        HIS SON
N R I G H T H A N D M T L B T        ANSWER
V I Y H J D S F I M A O U V C        DARED
P P B F G F N K F I Q O I P S
C H R I S T L X U A B L M K R
W L D Y R R K X H T L X A L J
V C A L L H I M L O R D M S A
G S T Q Z T J A N S W E R K P
```

O Jerusalem, Jerusalem, *you* that kill the prophets, and stone them which are sent to you, how often would I have gathered your children together, even as a hen gathers her chickens under *her* wings, and you would not! Behold, your house is left to you desolate. For I say to you, You shall not see Me hereafter, till you shall say, Blessed *is* He that comes in the name of the Lord.

```
N P N B L E S S E D X B S R H G W T        LAMENTS
A J E R U S A L E M H C T D N E C X        JERUSALEM
M F Z C R E L W J N R A O H C Y N X        KILLED THE PROPHETS
E O L N M L D A F I I W N S H K Y Y        STONE THEM
O P V E B A P E H T P W E Z I D H Y        SENT TO YOU
F C G J T T S H S V V S T W C O E B        GATHERED
T U G W U J E E C O T D H P K A W L        CHILDREN
H H O U S E N R O P L A E U E F H A        HEN
E Y S T C R T E M P T A M P N D O M        CHICKENS
L Y E K Q P T A O Q O X T Y S P C E        WINGS
O F K R G T O F I H T W V E F P O N        HOUSE
R T P K I L Y T R N X B V Q W I M T        DESOLATE
D Q P A O W O E M O W I N G S A E S        HEREAFTER
B L P X G D U R T L H D O R M D S K        BLESSED
H U K G A T H E R E D X R X W M X J        HE WHO COMES
K I L L E D T H E P R O P H E T S M        NAME OF THE LORD
V B W N C H I L D R E N R Y T I K X
R M A Y T H S Y D F B J C O M X I S
```

111. MARK 12:41–44 THE WIDOW'S TWO MITES

And Jesus sat opposite the treasury, and beheld how the people cast money into the treasury: and many that were rich cast in much. And there came a certain poor widow, and she threw in two mites, which make a farthing. And He called *to Him* His disciples, and says to them, Verily I say to you, That this poor widow has cast more in, than all they which have cast into the treasury: For all *they* did cast in of their abundance; but she of her want did cast in all that she had, *even* all her living.

TREASURY	CAST MONEY	POOR WIDOW	TWO MITES	FARTHING
VERILY	SAY TO YOU	ABUNDANCE	OF HER WANT	ALL SHE HAD

G V C S L B R I C I T E M K C
F A E C R F Z H M F R C C K A
L B A R F H G X X C E O Q M S
D U B W I W R R R V A O N R T
O N I K T L K M K W S M O G M
E D X V Z N Y C Z O U K F A O
U A S A Y T O Y O U R O H L N
Q N O I I Y A S F J Y K E L E
W C T P O O R W I D O W R S Y
J E J P H V Z R I A O R W H R
I J X U A Q B G C H N Z A E T
Y Y Y N D X R K A B W I N H X
X H F A R T H I N G P A T A A
T W O M I T E S W A M B Y D G
X C W K L Y Y J C O R P E V X

And He put forth a parable to those which were bidden, when He marked how they chose out the chief rooms; saying to them, When you are bidden of any *man* to a wedding, sit not down in the highest room; lest a more honorable man than you be bidden of him; And he that bid you and him come and say to you, Give this man place; and you begin with shame to take the lowest room. But when you are bidden, go and sit down in the lowest room; that when he that bid you come, he may say to you, Friend, go up higher: then shall you have worship in the presence of them that sit at meat with you. For whosoever exalts himself shall be abased; and he that humbles himself shall be exalted. Then said He also to him that bid Him, When you make a dinner or a supper, call not your friends, nor your brethren, neither your kinsmen, nor *your* rich neighbors; lest they also bid you again, and a recompence be made you. But when you make a feast, call the poor, the maimed, the lame, the blind: And you shall be blessed; for they cannot recompense you: for you shall be recompensed at the resurrection of the just.

```
K B L C L O L O C G Z K H O J I H C S T
C I V O K X L F G I V J Q V B K X B P
H T N C W F S J O V R Q M W B F L V L H
R F Y S N E E Q U E M W X J E W A Q E I
I X W J M L S G P P W V B B V W M U S G
C I B Y E E U T H L S V I I I R E O S H
H N G J M H N D I A T B H D S E A W E E
N T V S M C F G G C Y R W D Y C N K D S
E D D B S I O N H E L E Z E I O D S P T
I W Q U M M U Q E A S T H N Z M B H F R
G H E W A D G X R O S H X T U P L A R O
H S I G E Z H K G V E R B Q H E I M H O
B B H O N O R A B L E E G V V N N E U M
O O F G E A I P G Z J N V S I S D Z M U
R I F U R X B I F R I E N D S E O D B U
S G J Q S K A A G I H U T Q I J L J L P
M A I M E D P L S E Y G H A F W L O E Q
W E D D I N G D T E A F Q X L H C Y S I
W V P Q V C N F W S D X O C E W J M O D
R Q O P O O R S O G D R T D Z V O L I N
```

BIDDEN	WEDDING	HIGHEST ROOM	HONORABLE	GIVE PLACE
SHAME	LOWEST	GO UP HIGHER	EXALTS	ABASED
HUMBLES	FRIENDS	BRETHREN	KINSMEN	RICH NEIGHBORS
RECOMPENSE	POOR	MAIMED	LAME AND BLIND	BLESSED

And when one of them that sat at meat with Him heard these things, He said to him, Blessed *is* he that shall eat bread in the kingdom of God. Then said He to him, A certain man made a great supper, and bid many: And sent his servant at supper time to say to them that were bidden, Come; for all things are now ready. And they all with one *consent* began to make excuse. The first said to him, I have bought a piece of ground, and I must needs go and see it: I pray you have me excused. And another said, I have bought five yoke of oxen, and I go to prove them: I pray you have me excused. And another said, I have married a wife, and therefore I cannot come. So that servant came, and showed his lord these things. Then the master of the house being angry said to his servant, Go out quickly into the streets and lanes of the city, and bring in here the poor, and the maimed, and the halt, and the blind. And the servant said, Lord, it is done as you have commanded, and yet there is room. And the lord said to the servant, Go out into the highways and hedges, and compel *them* to come in, that my house may be filled. For I say to you, That none of those men which were bidden shall taste of my supper.

| BLESSED |
| HE THAT SHALL EAT |
| GREAT SUPPER |
| COME |
| ALL THINGS |
| READY |
| CONSENT |
| EXCUSE |
| PIECE OF GROUND |
| FIVE YOLK OF OXEN |
| PROVE THEM |
| STREETS AND LANES |
| THERE IS ROOM |
| HIGHWAYS |
| HEDGES |
| COMPEL THEM |
| FILL MY HOUSE |

```
P F Z B H I G H W A Y S U W O Q S D
Q N I M U Y D A L L T H I N G S T B
A W H V M R E A D Y G S K T Y S R V
F F T O E S P A K W Q C D H Y Z E T
I C Y S S Y R S D O K O H B N H E H
L M X X B C O M E E I N X L K E T E
L Z W Y R U V L C J F S W E Q D S R
M D S X X A E R K S O E K S G G A E
Y H K P C Y T V J O G N G S U E N I
H N G F Z N H O W G F T F E D S D S
O F B U Z J E S C I G O P D U K L R
U P C B U U M W O Q R I X Q D A A O
S C O M P E L T H E M Z I E N H N O
E B C W I M A Q K H H J Y C N Z E M
M O T Y Y Z W T E X C U S E S A S C
B P I E C E O F G R O U N D Y A A Z
R C M L T G R E A T S U P P E R Y H
B Q H E T H A T S H A L L E A T S X
```

Many therefore of His disciples, when they had heard *this*, said, This is a hard saying; who can hear *it?* When Jesus knew in Himself that His disciples murmured at it, He said to them, Does this offend you? *What* and if you shall see the Son of Man ascend up where He was before? It is the Spirit that quickens; the flesh profits nothing: the words that I speak to you, *they* are spirit, and *they* are life. But there are some of you that believe not. For Jesus knew from the beginning who they were that believed not, and who should betray Him. And He said, Therefore said I to you, that no man can come to Me, except it were given to him of My Father. From that *time* many of His disciples went back, and walked no more with Him. Then said Jesus to the twelve, Will you also go away? Then Simon Peter answered Him, Lord, to whom shall we go? You have the words of eternal life. And we believe and are sure that You are that Christ, the Son of the living God. Jesus answered them, Have not I chosen you twelve, and one of you is a devil? He spoke of Judas Iscariot *the son* of Simon: for he it was that should betray Him, being one of the twelve.

	R C F T H E L I V I N G G O D M B F
HARD SAYING	T G V H D O B F L F W J B I Q N P E
WHO CAN HEAR	N G Q U B M Y U T F I M P W U G W K
MURMURED	I T T V B V J O W F G O R O I A H A
	H A R D S A Y I N G C C O Q C Q O W
OFFEND	P H X B C N Z L J B E F F H K E C A
SON OF MAN	M B K A R O O K B Z U J I E E F A W
ASCEND	N Z P S O N O F M A N R T T N F N T
QUICKENS	K D V T S C X J F K W R S E S U H H
	E V N D Z P X N Q E G N N R N B E E
FLESH	S P X F L E S H D M N P O N Q D A T
PROFITS NOTHING	E T Z K O L I F M Q A D T A R J R W
SPIRIT	Z M G S L J J B R T K B H L O R Q E
COME TO ME	S M F E P G S P I R I T I L X P P L
THE TWELVE	C O M E T O M E Z G J U N I F R J V
	T R T J G U U N T T V Q G F O B N E
ETERNAL LIFE	A S C E N D J D F U M B F E D T G S
THE LIVING GOD	M U R M U R E D V G D X F X T M H B

154

But when His brethren were gone up, then went He also up to the feast, not openly, but as it were in secret. Then the Jews sought Him at the feast, and said, Where is He? And there was much murmuring among the people concerning Him: for some said, He is a good man: others said, Nay; but He deceives the people. However no man spoke openly of Him for fear of the Jews. Now about the midst of the feast Jesus went up into the temple, and taught. And the Jews marveled, saying, How knows this man letters, having never learned? Jesus answered them, and said, My doctrine is not Mine, but His that sent Me. If any man will do His will, he shall know of the doctrine, whether it be of God, or *whether* I speak of Myself. He that speaks of himself seeks his own glory: but he that seeks His glory that sent Him, the same is true, and no unrighteousness is in him. Did not Moses give you the law, and *yet* none of you keeps the law? Why go you about to kill Me? The people answered and said, You have a devil: who goes about to kill You? Jesus answered and said to them, I have done one work, and you all marvel. Moses therefore gave to you circumcision; (not because it is of Moses, but of the fathers;) and you on the sabbath day circumcise a man. If a man on the sabbath day receive circumcision, that the law of Moses should not be broken; are you angry at Me, because I have made a man every whit whole on the sabbath day? Judge not according to the appearance, but judge righteous judgment.

```
V Q U S P O K E O P E N L Y Q R M F
N D O H I S W I L L X R D L C I C Z
E M E Y J M N I K D C Z I O O G P H
C X M C D H W C F O O L S I A H Q I
R B K C E G X C L C M D P I S T P S
L C O Z V I G W P T M I E G E E V T
I X U L H W V A P R V Z A I E O Q H
N J G D R X B E L I W V K Y K U M A
C Q G U V V L J S N B F O U H S D T
Z H O O Z M P C G E M B F D I J P S
L A O W D I R S V L A C M X S U E E
J J D I Q A G T N N Y G Y L G D V N
L X M C R D R Z P Y S C S J L G N T
M E A A O O H Y B B V Z E H O M M M
O D N Z R Y R I W J X Q L W R E C E
C W F E A S T U E X K D F X Y N A J
E V E R Y W H I T W H O L E O T R R
C N H K N O W T H E L A W I I W T V
```

FEAST   GOOD MAN   DECEIVES   SPOKE OPENLY   DOCTRINE

HIS THAT SENT ME   DO HIS WILL   SPEAK OF MYSELF   SEEK HIS GLORY   KNOW THE LAW

EVERY WHIT   RIGHTEOUS

WHOLE   JUDGMENT

116. MATTHEW 24:1–2
JESUS PREDICTS THE DESTRUCTION OF THE TEMPLE

And Jesus went out, and departed from the temple: and His disciples came to *Him* for to show Him the buildings of the temple. And Jesus said to them, See you not all these things? verily I say to you, There shall not be left here one stone upon another, that shall not be thrown down.

MATTHEW 24:3–14
THE SIGNS OF THE TIMES AND THE END OF THE AGE

And as He sat upon the mount of Olives, the disciples came to Him privately, saying, Tell us, when shall these things be? and what *shall be* the sign of Your coming, and of the end of the world? And Jesus answered and said to them, Take heed that no man deceive you. For many shall come in My name, saying, I am Christ; and shall deceive many. And you shall hear of wars and rumors of wars: see that you be not troubled: for all *these things* must come to pass, but the end is not yet. For nation shall rise against nation, and kingdom against kingdom: and there shall be famines, and pestilences, and earthquakes, in divers places. All these *are* the beginning of sorrows. Then shall they deliver you up to be afflicted, and shall kill you: and you shall be hated of all nations for My name's sake. And then shall many be offended, and shall betray one another, and shall hate one another. And many false prophets shall rise, and shall deceive many. And because iniquity shall abound, the love of many shall wax cold. But he that shall endure to the end, the same shall be saved. And this gospel of the kingdom shall be preached in all the world for a witness to all nations; and then shall the end come.

```
L A F L J E Q M S Q C K G M E G T G V K
F G S M E O I M R D Y I O J H X M R J A
S A P J A F Y X Z O V N C V A Y I X F F
C I L V N N T I Y R P G O T T Q N V O F
S E G S M E Y H N Y K D M J E B I L V L
P D W N E Q X Q E J B O E Z D U Q A V I
Q Z B O O P G O C R G M T U F T U A E C
T U V C T F R O T D E O O B O H I L N T
D A A R B A Y O S A F Z P B R R T S D E
Y C K Q O H Y O P P P K A P M O Y L O D
U A I E F C Q Q U H E S S X Y W U N F E
C E A L H G A I F R E L S O S N J M T G
S O M T I E F V B H C T G F A D M M H M
H S C Z B Z E N U F Z O S X K O K P E D
E I H O P O Z D Z V L H M S E W L G W Z
N F R E N A T I O N R F W I J N J C O C
M A I I N M Y N A M E O U R N D V R R F
F P S Y P A F Y T M S N D G F G W I L I
F W T U O R S O U O N E S T O N E W D L
W I T N E S S T O A L L N A T I O N S I
```

LEFT HERE	ONE STONE	THROWN DOWN	TAKE HEED	MANY
IN MY NAME	I AM CHRIST	COME TO PASS	NATION	KINGDOM
AFFLICTED	FALSE PROPHETS	INIQUITY	GOSPEL	
SIGN OF YOUR COMING	END OF THE WORLD	HATED FOR MY SAKE	WITNESS TO ALL NATIONS	

When you therefore shall see the abomination of desolation, spoken of by Daniel the prophet, stand in the holy place, Then let them which be in Judaea flee into the mountains: Let him which is on the housetop not come down to take any thing out of his house: Neither let him which is in the field return back to take his clothes. And woe to them that are with child, and to them that give suck in those days! But pray you that your flight be not in the winter, neither on the sabbath day: For then shall be great tribulation, such as was not since the beginning of the world to this time, no, nor ever shall be. And except those days should be shortened, there should no flesh be saved: but for the elect's sake those days shall be shortened. Then if any man shall say to you. Lo, here *is* Christ, or there; believe *it* not. For there shall arise false Christs, and false prophets, and shall show great signs and wonders; insomuch that, if *it were* possible, they shall deceive the very elect. Behold, I have told you before. Wherefore if they shall say to you, Behold, He is in the desert; go not forth: behold, *He is* in the secret chambers; believe *it* not. For as the lightning comes out of the east, and shines even to the west; so shall also the coming of the Son of Man be. For wheresoever the carcass is, there will the eagles be gathered together.

```
V H L O O Z Q C L O T H E S A A J R F H
R G I Z Z S Z Z T P K S N E B I B H U O
Z M G S D A Q N U M A I K C O W G S Q L
M G H R T B O H P S Y G T R M I C U F Y
J M T U O B U I N X E N R E I N E D M P
P R N V E A T Z G E V S I T N T U E G L
F V I N W T Z K C L F A B C A E X S A A
L G N Q W H T D O E L N U H T R Y O W C
E T G O U D Q W F C I D L A I W P L S E
E C A R C A S S U T G W A M O M S A S S
O F H D Q Y E D K N H O T B N B H T U W
H W I O W W B N T R T N I E H B O I N H
M B Q E U T S X Y K V D O R H B R O I U
K F Q E L S G Y E D K E N S X S T N N O
C O T I D D E Y G Q S R E A G L E S O X
I F G Z G O P T K K T S K U N U N Q Q B
G A J U R K L U O H D P T T D O E X Z N
F L D R F J V V H P D L J I N U D F B N
B E G I N N I N G O F T H E W O R L D H
N D A N I E L C I A A T S F R R T Z H I
```

ABOMINATION	DESOLATION	DANIEL	HOLY PLACE	FLEE
HOUSETOP	FIELD	CLOTHES	FLIGHT	WINTER
SABBATH DAY	TRIBULATION	SHORTENED	ELECT	LIGHTNING
SIGNS AND WONDERS	BEGINNING OF THE WORLD	SECRET CHAMBERS	CARCASS	EAGLES

118. MATTHEW 24:29–31 THE COMING OF THE SON OF MAN

Immediately after the tribulation of those days shall the sun be darkened, and the moon shall not give her light, and the stars shall fall from heaven, and the powers of the heavens shall be shaken: And then shall appear the sign of the Son of Man in heaven: and then shall all the tribes of the earth mourn, and they shall see the Son of Man coming in the clouds of heaven with power and great glory. And He shall send His angels with a great sound of a trumpet, and they shall gather together His elect from the four winds, from one end of heaven to the other.

```
D T B I U J U C U Z G H U J X P Q K
S O U N D O F A T R U M P E T O F I
I H Z M O O N K M K B I D R U W A J
N G I V E H E R L I G H T Q T E L J
T T V S S B U Z H H F C T T H R L A
H R E U Z F I C Q X R H K L J A F B
E I A N D Z B M E N X F Y W M N R N
C B J D T U L Q E N I V X S F D O D
L E U A M S K Y A P W Y P H E G M I
O S J R H O O Y Y K D L K A Y L H K
U O T K I Y E X S T A R S K K O E K
D F N E V A Y R P L S R K E O R A E
S E R N D T I H E T G V K N E Y V L
E A T E C O M P P P O W E R S K E E
C R H D T H E S I G N Q U T O S N C
L T F O U R W I N D S L L M Q G D T
R H U C L L I P S O N O F M A N Q O
M S I T R I B U L A T I O N Q P M T
```

TRIBULATION

SUN DARKENED

MOON

GIVE HER LIGHT

STARS

FALL FROM HEAVEN

POWERS

SHAKEN

THE SIGN

SON OF MAN

TRIBES OF EARTH

IN THE CLOUDS

POWER AND GLORY

SOUND OF A TRUMPET

ELECT

FOUR WINDS

119. MATTHEW 24:32–35 THE PARABLE OF THE FIG TREE

Now learn a parable of the fig tree; When its branch is yet tender, and puts forth leaves, you know that summer *is* near: So likewise you, when you shall see all these things, know that it is near, *even* at the doors. Verily I say to you, This generation shall not pass, till all these things be fulfilled. Heaven and earth shall pass away, but My words shall not pass away.

LUKE 13:1–9 REPENT OR PERISH

There were present at that season some that told him of the Galilaeans, whose blood Pilate had mingled with their sacrifices. And Jesus answering said to them, Suppose you that these Galilaeans were sinners above all the Galilaeans, because they suffered such things? I tell you, Nay: but, except you repent, you shall all likewise perish. Or those eighteen, upon whom the tower in Siloam fell, and slew them, think you that they were sinners above all men that dwelt in Jerusalem? I tell you, Nay: but, except you repent, you shall all likewise perish. He spoke also this parable; A certain *man* had a fig tree planted in his vineyard; and he came and sought fruit thereon, and found none. Then said he to the dresser of his vineyard, Behold, these three years I come seeking fruit on this fig tree, and find none: cut it down; why cumbers it the ground? And he answering said to him, Lord, let it alone this year also, till I shall dig about it, and dung *it*: And if it bear fruit, *well*: and if not, *then* after that you shall cut it down.

```
Z B V H P O G G E N E R A T I O N V V D
N D R P L I K E W I S E P E R I S H S R
S U E O C D R C U M B E R S Q F C L F E
U H P Z V B D Q K T M S D S G U F S U S
N T E N I B E A R F R U I T N M Q G L S
N E N C Y C C E U M H S Q V H C N P F E
W N T L U W Z F I G T R E E S H Q L I R
E D H R C B T U C M W B V R N M L E L K
L E T I T A L O N E E O Q N W J G A L C
O R B A J W Z S U M M E R E U Z Q V E O
T O W E R I N S I L O A M S E R K E D N
Z W C H P A S S A W A Y O G J D Y S O Q
Y Q S G G V I N E Y A R D Q P D R R V V
```

FIG TREE
TENDER
LEAVES
SUMMER
GENERATION
FULFILLED
PASS AWAY
TOWER IN SILOAM
REPENT
LIKEWISE PERISH
DRESSER
VINEYARD
CUMBERS
LET IT ALONE
BEAR FRUIT

120. JOHN 9:1–12 A MAN BORN BLIND RECEIVES SIGHT

And as Jesus passed by, He saw a man which was blind from his birth. And His disciples asked Him, saying, Master, who did sin, this man, or his parents, that he was born blind? Jesus answered, Neither has this man sinned, nor his parents: but that the works of God should be made manifest in him. I must work the works of Him that sent Me, while it is day: the night comes, when no man can work. As long as I am in the world, I am the light of the world. When He had thus spoken, He spat on the ground, and made clay of the spittle, and He anointed the eyes of the blind man with the clay, And said to him, Go, wash in the pool of Siloam, (which is by interpretation, Sent.) He went his way therefore, and washed, and came seeing. The neighbors therefore, and they which before had seen him that he was blind, said, Is not this he that sat and begged? Some said, This is he: others *said*, He is like him: *but* he said, I am *he.* Therefore said they to him, How were your eyes opened? He answered and said, A man that is called Jesus made clay, and anointed my eyes, and said to me, Go to the pool of Siloam, and wash: and I went and washed, and I received sight. rubbed Then said they to him, Where is he? He said, I know not.

WHO DID SIN	W A S A R X Q P D A M Q T B R
THIS MAN	H O T H I S M A N R A I A O E
PARENTS	H O R G G O V R V K D I N R C
BORN BLIND	R W S K S R N E S G E R O N E
WORKS OF GOD	I T I Q S X J N C Y M S I B I
MADE MANIFEST	S N Q T E O A T C Y A K N L V
IN THE WORLD	T A T K H P F S D J N B T I E
ANOINTED	V U L H R T A G H N I D E N D
WITH THE CLAY	R V P P E U H D O S F H D D S
POOL OF SILOAM	I G Y C N W E E E D E V F Q I
EYES OPENED	O I K D M Z O P C C S V B P G
RECEIVED SIGHT	K B O Y D T D R K L T O A D H
	P O O L O F S I L O A M W T T
	W H O D I D S I N D H Y M O K
	I C O E Y E S O P E N E D B V

121. JOHN 9:35–41 TRUE VISION AND TRUE BLINDNESS

Jesus heard that they had cast him out; and when He had found him, He said to him, Do you believe on the Son of God? He answered and said, Who is He, Lord, that I might believe on Him? And Jesus said to him, You have both seen Him, and it is He that talks with you. And he said, Lord, I believe. And he worshiped Him. And Jesus said, For judgment I am come into this world, that they which see not might see; and that they which see might be made blind. And *some* of the Pharisees which were with Him heard these words, and said to Him, Are we blind also? Jesus said to them, If you were blind, you should have no sin: but now you say, We see; therefore your sin remains.

```
M A D E B L I N D S T S E Z J
B B G Z U H P U P E H J Y H U
S E T W J U M L U E T J G M D
G J L V U S U G U N D S D D G
M T Q I P H O D G H V S I U M
W L F W E Z S N X I Q T N H E
E P W Y B V X I O M G T Q N N
S Q M U I M E K P F T Y G M T
E Q V T M F E D C R G C Y Z A
E F V W H O I S H E V O A O R
C A S N O Q H H W G N P D C J
K W G Z I H A Y C M U W J Z I
T B B X C A S T H I M O U T V
F O U N D H I M L L T W G V X
W O R S H I P P E D S I F E T
```

CAST HIM OUT
FOUND HIM
BELIEVE
SON OF GOD
WHO IS HE
SEEN HIM
WORSHIPPED
JUDGMENT
MADE BLIND
WE SEE

122. LUKE 13:10–17 A SPIRIT OF INFIRMITY

And He was teaching in one of the synagogues on the sabbath. And, behold, there was a woman which had a spirit of infirmity eighteen years, and was bowed together, and could in no wise lift up *herself*. And when Jesus saw her, He called *her to Him*, and said to her, Woman, you are loosed from your infirmity. And He laid *His* hands on her: and immediately she was made straight, and glorified God. And the ruler of the synagogue answered with indignation, because that Jesus had healed on the sabbath day, and said to the people, There are six days in which men ought to work: in them therefore come and be healed, and not on the sabbath day. The Lord then answered him, and said, *You* hypocrite, does not each one of you on the sabbath loose his ox or *his* ass from the stall, and lead *him* away to watering? And ought not this woman, being a daughter of Abraham, whom Satan has bound, lo, these eighteen years, be loosed from this bond on the sabbath day? And when He had said these things, all His adversaries were ashamed: and all the people rejoiced for all the glorious things that were done by Him.

```
U  I  O  A  S  P  L  N  L  L  H  U  C  T  U  N  P  F
A  B  O  W  E  D  T  O  G  E  T  H  E  R  J  W  E  R
Y  X  Z  W  I  G  S  R  A  A  I  W  U  I  B  W  O  B
K  O  E  O  O  H  Q  T  S  D  O  H  E  G  J  B  P  V
D  Z  U  L  X  S  T  U  V  T  S  C  I  A  V  M  L  H
C  G  Q  A  O  B  U  P  Q  O  M  H  G  M  Y  V  E  M
E  L  I  T  R  K  I  L  J  W  G  L  H  G  U  Y  R  A
A  L  O  J  K  E  B  R  D  A  R  O  T  G  C  R  E  D
C  X  A  O  M  C  L  K  Z  T  D  H  E  R  N  X  J  E
F  R  X  W  S  G  T  O  I  E  E  F  E  F  S  V  O  S
N  C  I  K  H  E  B  G  O  R  Y  C  N  A  P  A  I  T
U  W  J  P  E  E  O  I  O  S  J  Z  Y  K  X  I  C  R
Q  V  W  R  H  V  F  X  I  M  E  X  E  R  D  C  E  A
O  P  V  S  T  K  F  S  E  P  B  D  A  Q  L  L  D  I
S  P  I  R  I  T  O  F  I  N  F  I  R  M  I  T  Y  G
E  R  C  Z  Z  S  I  X  D  A  Y  S  S  I  G  D  X  H
S  E  F  F  Q  R  U  Q  Q  R  S  L  R  K  X  U  N  T
D  A  U  G  H  T  E  R  O  F  A  B  R  A  H  A  M  N
```

SPIRIT OF INFIRMITY

EIGHTEEN YEARS

BOWED TOGETHER

YOU ARE LOOSED

MADE STRAIGHT

SIX DAYS

LOOSE OXEN

LEAD TO WATER

DAUGHTER OF ABRAHAM

PEOPLE REJOICED

But of that day and hour knows no *man*, no, not the angels of heaven, but My Father only. But as the days of Noah *were*, so shall also the coming of the son of man be. For as in the days that were before the flood they were eating and drinking, marrying and giving in marriage, until the day that Noah entered into the ark, And knew not until the flood came, and took them all away; so shall also the coming of the Son of Man be. Then shall two be in the field; the one shall be taken, and the other left. Two *women shall be* grinding at the mill; the one shall be taken, and the other left. Watch therefore: for you know not what hour your Lord does come. But know this, that if the goodman of the house had known in what watch the thief would come, he would have watched, and would not have allowed his house to be broken up. Therefore be you also ready: for in such an hour as you think not the Son of Man comes.

DAY AND HOUR

KNOWS NO MAN

ANGELS OF HEAVEN

FATHER ONLY

DAYS OF NOAH

EATING

DRINKING

MARRYING

THE ARK

FLOOD

GOODMAN

THIEF

BE READY

SUCH AN HOUR

```
V I N B E R E A D Y K D Y P A A
L J Z Q A Q R G D U F W U R D U
E E A T I N G O Y S G X T M R I
F Y R I M L J O U R W M C A I K
L O A Q A I M D U X I O C R N N
O R B Y Q B F M E H I W L R K O
O P D D Q Z E A V F W E T Y I W
D A C U D P X N B L V X H I N S
E D A Y S O F N O A H O E N G N
F A T H E R O N L Y M Z A G O O
I D A Y A N D H O U R T R R H M
C Y S B T N R S J C M Z K Z B A
Q C T F X P T F B N O D Y L A N
A N G E L S O F H E A V E N S G
V T K T H I E F A O E F E A G U
L A L S U C H A N H O U R Z A L
```

THE FAITHFUL SERVANT AND THE EVIL SERVANT

Let your loins be girded about, and *your* lights burning; And you yourselves like to men that wait for their lord, when he will return from the wedding; that when he comes and knocks they may open to him immediately. Blessed *are* those servants, whom the lord when he comes shall find watching: verily I say to you, that he shall gird himself, and make them to sit down to meat, and will come forth and serve them. And if he shall come in the second watch, or come in the third watch, and find *them* so, blessed are those servants. And this know, that if the goodman of the house had known what hour the thief would come, he would have watched, and not have permitted his house to be broken through. Be you therefore ready also: for the Son of Man comes at an hour when you think not. Then Peter said to Him, Lord, speak You this parable to us, or even to all? And the Lord said, Who then is that faithful and wise steward, whom *his* lord shall make ruler over his household, to give *them their* portion of meat in due season? Blessed *is* that servant, whom his lord when he comes shall find so doing. Of a truth I say to you, that he will make him ruler over all that he has. But and if that servant say in his heart, My lord delays his coming; and shall begin to beat the menservants and maidens, and to eat and drink, and to be drunken; The lord of that servant will come in a day when he looks not for *him*, and at an hour when he is not aware, and will cut him in asunder, and will appoint him his portion with the unbelievers. And that servant, which knew his lord's will, and prepared not *himself*, neither did according to his will, shall be beaten with many *stripes*. But he that knew not, and did commit things worthy of stripes, shall be beaten with few *stripes*. For to whomsoever much is given, of him shall be much required: and to whom men have committed much, of him they will ask the more.

```
A L K X J W L S I M C L C L N C
U M K B U R D L Y U A H O E M Q
C G A Q G Z E E R C F I M A E L
C L R I X X C W T H I L E T N I
J U K Y D I Z G F R N O S A S G
X W T Z A E H M F E D I A N E H
K L P A O W N E V Q W N N D R T
D H I O S B K S S U A S D D V S
K R R T B U N T U I T G K R A B
S Z U G Q G N G K R C I N I N U
Z M L J R W H D F E H R O N T R
M V E T J F B A E D I D C K S N
U C R M X S Z Z J R N E K U O I
Q N U F I L J S K V G D S B X N
V F A A Q R B U N A W A R E Z G
O P E N I M M E D I A T E L Y P
```

LOINS GIRDED   LIGHTS BURNING   FIND WATCHING   RULER   MENSERVANTS

COMES AND   OPEN   MAIDENS   EAT AND DRINK   UNAWARE

KNOCKS   IMMEDIATELY

CUT ASUNDER   MUCH REQUIRED

168

125. MATTHEW 25:1-13
THE PARABLE OF THE WISE AND FOOLISH VIRGINS

Then shall the kingdom of heaven be likened to ten virgins, which took their lamps, and went forth to meet the bridegroom. And five of them were wise, and five *were* foolish. They that *were* foolish took their lamps, and took no oil with them: But the wise took oil in their vessels with their lamps. While the bridegroom tarried, they all slumbered and slept. And at midnight there was a cry made, Behold, the bridegroom comes; go you out to meet him. Then all those virgins arose, and trimmed their lamps. And the foolish said to the wise, Give us of your oil; for our lamps are gone out. But the wise answered, saying, *Not so*; lest there be not enough for us and you: but go you rather to them that sell, and buy for yourselves. And while they went to buy, the bridegroom came; and they that were ready went in with him to the marriage: and the door was shut. Afterward came also the other virgins, saying, Lord, Lord, open to us. But he answered and said, Verily I say to you, I know you not. Watch therefore, for you know neither the day nor the hour wherein the Son of Man comes.

```
G A B R I D E G R O O M L L L P W J
X O L C V E R J Z U S O A D A G P G        KINGDOM OF HEAVEN
A F O C F V Q D U K X P J O M R A N              TEN VIRGINS
D M T U E T F S E P M E V O P Z W Q                   LAMPS
O Q Z V T M R T Q N V N B R S Z B W              BRIDEGROOM
L U J U B A I I Q E L T P S K R S Z               FIVE WISE
V X M Q X C N D M I E O W H C H V W                 FOOLISH
F O O L I S H D N M B U G U V V O E                  NO OIL
B K R I U D L U M I E S I T M Z W Q                 VESSELS
G C X D Q Y X U Y E G D Z P M B F N                 TARRIED
D Y K S S H Y Z M T E H N W Q V V H               SLUMBERED
T A R R I E D Y W B S T T M F B E V                MIDNIGHT
S M C D Z G E G X X E F H Y M E S N      GO OUT AND MEET HIM
E Q Q U H W T E N V I R G I N S S O                 TRIMMED
F I V E W I S E A N F Y E N M G E O               DOOR SHUT
H V I K N O W Y O U N O T D L I L I              OPEN TO US
G Q M S C B Q C B Q R V K C B V S L           I KNOW YOU NOT
J K I N G D O M O F H E A V E N E J
```

THE SON OF MAN WILL JUDGE THE NATIONS

When the Son of Man shall come in His glory, and all the holy angels with Him, then shall He sit upon the throne of His glory: And before Him shall be gathered all nations: and He shall separate them one from another, as a shepherd divides *his* sheep from the goats: And He shall set the sheep on His right hand, but the goats on the left. Then shall the King say to them on His right hand, Come, you blessed of My Father, inherit the kingdom prepared for you from the foundation of the world: For I was hungry, and you gave Me meat: I was thirsty, and you gave Me drink: I was a stranger, and you took Me in: Naked, and you clothed Me: I was sick, and you visited Me: I was in prison, and you came to Me. Then shall the righteous answer Him, saying, Lord, when saw we You hungry, and fed *You?* or thirsty, and gave *You* drink? When saw we You a stranger, and took *You* in? or naked, and clothed *You?* Or when saw we You sick, or in prison, and came to You? And the King shall answer and say to them, Verily I say to you, Inasmuch as you have done *it* to one of the least of these My brethren, you have done *it* to Me. Then shall He say also to them on the left hand, Depart from Me, you cursed, into everlasting fire, prepared for the devil and his angels: For I was hungry, and you gave Me no meat: I was thirsty, and you gave Me no drink: I was a stranger, and you took Me not in: naked, and you clothed Me not: sick, and in prison, and you visited Me not. Then shall they also answer Him, saying, Lord, when saw we You hungry, or thirsty, or a stranger, or naked, or sick, or in prison, and did not minister to You? Then shall He answer them, saying, Verily I say to you, Inasmuch as you did *it* not to one of the least of these, you did *it* not to Me. And these shall go away into everlasting punishment: but the righteous into life eternal.

```
E I A P C L O T H E D M E Z R O K A C G
C O M E I N G L O R Y X U E E O E I W A
W C G T Q V N H G N D S S X M C D N L V
Q V N F K T P R I D R T H V E T C H N E
U P R P Z R T H I R S T Y E E N H E H M
X B S E P A R A T E X T F N P T D R A E
H O L Y A N G E L S G F Z N O H W I C M
B L E S S E D M P G F R A D I R E T H E
L E A S T O F T H E S E G K K O W R N A
J C X T M Y D R I N K C H Y E N K R D T
S B C E Z H Z G V O W H X N E J Y K T
X M O C L T B M L A L L N A T I O N S N
D O S H E E P A N D G O A T S O H B S A
G A T H E R E D A I J R B I H H Q V J K
Y W S L F O U N D A T I O N E U H R X E
G M N X L Z C L K P J X M J M N C P V D
K K Y D W G T W R W S T R A N G E R V Z
N G E J P J V O L V D Z D R A R Y N G O
V I X K T O O K M E I N T Z V Y I G C Q
H L P E L O V P O D J K K I L H F M G S
```

COME IN GLORY	HOLY ANGELS	THRONE	GATHERED	ALL NATIONS
SEPARATE	SHEPHERD	BLESSED	INHERIT	FOUNDATION
HUNGRY	GAVE ME MEAT	DRINK	STRANGER	TOOK ME IN
SHEEP AND GOATS	THIRSTY	NAKED	CLOTHED ME	LEAST OF THESE

127. MATTHEW 26:6–13 THE ANOINTING AT BETHANY

Now when Jesus was in Bethany, in the house of Simon the leper, There came to Him a woman having an alabaster box of very precious ointment, and poured it on His head, as He sat *at meat*. But when His disciples saw *it*, they had indignation, saying, To what purpose *is* this waste? For this ointment might have been sold for much, and given to the poor. When Jesus understood *it*, He said to them, Why trouble you the woman? for she has wrought a good work upon Me. For you have the poor always with you; but Me you have not always. For in that she has poured this ointment on My body, she did *it* for My burial. Verily I say to you, Wheresoever this gospel shall be preached in the whole world, *there* shall also this, that this woman has done, be told for a memorial of her.

BETHANY

SIMON THE LEPER

ALABASTER BOX

PRECIOUS OINTMENT

WASTE

SOLD FOR MUCH

GIVEN TO THE POOR

GOOD WORK

POOR ALWAYS

BURIAL

THIS GOSPEL

PREACHED

WHOLE WORLD

MEMORIAL

```
S C T Y V H U B C K W B U S H T
K B E T H A N Y F I H W Q G Z H
O N R B Q N B P P W O A P O D I
M O F V I V Z E M F L S R O P S
M E M O R I A L X K E T E D W G
W Y Z B U R I A L L W E A W S O
G I W U B W L D D F O J C O D S
X Y T O F Q X Q Y Y R L H R G P
N C P M Q B M L P R L V E K D E
J B B C H E M S X M D W D D G L
N P S O L D F O R M U C H A K P
C E P O O R A L W A Y S O U S J
A S S I M O N T H E L E P E R V
N G I V E N T O T H E P O O R Y
P R E C I O U S O I N T M E N T
O N A L A B A S T E R B O X T E
```

128. MATTHEW 26:17–25
JESUS CELEBRATES PASSOVER WITH HIS DISCIPLES

Now the first *day* of the *feast of* unleavened bread the disciples came to Jesus, saying to Him, Where will You that we prepare for You to eat the passover? And He said, Go into the city to such a man, and say to him, The Master says, My time is at hand; I will keep the passover at your house with My disciples. And the disciples did as Jesus had appointed them; and they made ready the passover. Now when the evening was come, He sat down with the twelve. And as they did eat, He said, Verily I say to you, that one of you shall betray Me. And they were exceeding sorrowful, and began every one of them to say to Him, Lord, is it I? And He answered and said, He that dips *his* hand with Me in the dish, the same shall betray Me. The Son of Man goes as it is written of Him: but woe to that man by whom the Son of Man is betrayed! it had been good for that man if he had not been born. Then Judas, which betrayed Him, answered and said, Master, is it I? He said to him, You have said.

UNLEAVENED

BREAD

PASSOVER

INTO THE CITY

TIME AT HAND

BETRAY

EXCEEDING

SORROWFUL

DIPS HIS HAND

YOU HAVE SAID

```
H I V M U Y N S Z N Y B N F I
H Y X F K Y E H O B X E D Y N
G C L C T E P F Z Q T T E O T
I T H U J H O R F J A R X U O
M J F O T D H H F S F A C H T
D I P S H I S H A N D Y E A H
E I C Y H U M X A E X T E V E
Y E Y T S L B E Z R V S D E C
U G I U A A O V A Z F A I S I
D R E D E H T W O T K C N A T
V S O R R O W F U L H C G I Y
D U N L E A V E N E D A K D Z
D R V P C Z S F Q C L Q N F N
H V B R E A D L T Z J P A D Q
U V P A S S O V E R G S D U P
```

129. MATTHEW 26:26–30 JESUS INSTITUTES THE LORD'S SUPPER

And as they were eating, Jesus took bread, and blessed it, and broke it, and gave it to the disciples, and said, Take, eat; this is My body. And He took the cup, and gave thanks, and gave it to them, saying, Drink you all of it; For this is My blood of the new testament, which is shed for many for the remission of sins. But I say to you, I will not drink hereafter of this fruit of the vine, until that day when I drink it new with you in My Father's kingdom. And when they had sung a hymn, they went out into the mount of Olives.

MATTHEW 26:31–35 JESUS PREDICTS PETER'S DENIAL

Then says Jesus to them, All you shall be offended because of Me this night: for it is written, I will smite the shepherd, and the sheep of the flock shall be scattered abroad. But after I am risen again, I will go before you into Galilee. Peter answered and said to Him, Though all *men* shall be offended because of You, *yet* will I never be offended. Jesus said to him, Verily I say to you, That this night, before the cock crow, you shall deny Me thrice. Peter said to Him, Though I should die with You, yet will I not deny You. Likewise also said all the disciples.

BREAD

BLESSED

BROKE IT

EAT

MY BODY

DRINK

MY BLOOD

NEW TESTAMENT

SHED FOR MANY

REMISSION OF SIN

OFFENDED

RISEN AGAIN

```
N I F L B X S X X S I M R P E
S E U I R X G W Z V G I I U B
H O W Z O W T H Q M Q I S O L
E P S T K E X I K R K T E F E
D H M A E E W E Q N R X N F S
F M P J I S M S W M B O A E S
O M Y J T C T D U X T J G N E
R Y M B K X J A R O H L A D D
M B T B L B E U M I B E I E W
A O L Y G O R P V E N Q N D K
N D E A T T O U F F N K X Q K
Y Y A Q A V E D Y K B T D G B
R E M I S S I O N O F S I N R
B S A L R A X O F H O B A I L
G R A B I M L R T B R E A D B
```

174

Then came Jesus with them to a place called Gethsemane, and said to the disciples, Sit you here, while I go and pray yonder. And he took with Him Peter and the two sons of Zebedee, and began to be sorrowful and very heavy. Then said He to them, My soul is exceeding sorrowful, even to death: tarry you here, and watch with Me. And He went a little further, and fell on His face, and prayed, saying, O My Father, if it be possible, let this cup pass from Me: nevertheless not as I will, but as You *will*. And He came to the disciples, and found them asleep, and said to Peter, What, could you not watch with Me one hour? Watch and pray, that you enter not into temptation: the spirit indeed *is* willing, but the flesh *is* weak. He went away again the second time, and prayed, saying, O My Father, if this cup may not pass away from Me, except I drink it, Your will be done. And He came and found them asleep again: for their eyes were heavy. tired And He left them, and went away again, and prayed the third time, saying the same words. Then came He to His disciples, and said to them, Sleep on now, and take *your* rest: behold, the hour is at hand, and the Son of Man is betrayed into the hands of sinners. Rise, let us be going: behold, he is at hand that does betray Me.

GETHSEMANE   PRAY YONDER   EVEN TO DEATH   TARRY HERE   WATCH WITH ME
LET THIS CUP PASS   AS YOU WILL   ONE HOUR   SORROWFUL   TEMPTATION
SPIRIT WILLING   FLESH WEAK   AT HAND   EXCEEDING

```
J B F E O N E H O U R O F D N P Y H
J O E C G X L T S S L U L E W R R X
O W P D T T T F J P M X X V O A D U
B A N I A Q E L T I X Q B E M Y I X
J T P S R L M L L R V I P N C Y A Q
J C X O R B P W L I M U K T B O S M
I H H R Y F T P R T Q H N O E N Y F
K W I R H Z A L J W C K Z D N D O L
E I D O E K T V N I W C F E F E U E
A T C W R B I Y K L R M H A P R W S
D H T F E J O S I L L W I T V Z I H
A M T U N Y N B U I Y Z Q H W W L W
B E J L Y H U F Q N J E Q I X M L E
F A A F D Z J Z G G X Z J H S S C A
L Q L E T T H I S C U P P A S S O K
B I B F I W E X C E E D I N G M L F
B O B J G E T H S E M A N E V H X Y
N C L F M P G J W S Y A T H A N D G
```

176

If you had known Me, you should have known My Father also: and from hereafter you know Him, and have seen Him. Philip said to Him, Lord, show us the Father, and it suffices us. Jesus said to him, Have I been so long time with you, and yet have you not known Me, Philip? he that has seen Me has seen the Father; and how say you *then*, Show us the Father? Believe you not that I am in the Father, and the Father in Me? the words that I speak to you I speak not of Myself: but the Father that dwells in Me, He does the works. Believe Me that I *am* in the Father, and the Father in Me: or else believe Me for the very works' sake.

JOHN 14:12–14 THE ANSWERED PRAYER

Verily, verily, I say to you, he that believes on Me, the works that I do shall he do also; and greater *works* than these shall he do; because I go to My Father. And whatsoever you shall ask in My name, that will I do, that the Father may be glorified in the Son. If you shall ask any thing in My name, I will do *it*.

```
H F K M W G L O R I F I E D I
E Q K S H Q Z F Y H A K D A N
R K I H C P N I M T Z I O F M
E Z U O E K N O W N M E A P Y
A D Q W S S I M P U R N L K N
F H Q U K R I A E T F Q S J A
T O C P H P Z M V I H O O U M
E P N H U K W T V H T T D G E
R T G R E A T E R W O R K S S
V X G F F R T A P Q Z E K E M
P D E J X K W O V P F G Z T K
D W E L L S I N M E K Z M I B
Q U L C X F C S E E N H I M M
X Z O I R H T B X C N H B O N
C X D O E S T H E W O R K S K
```

KNOWN ME

HEREAFTER

SEEN HIM

SHOW UP

DWELLS IN ME

DOES THE WORKS

DO ALSO

GREATER WORKS

GLORIFIED

IN MY NAME

If you love Me, keep My commandments. And I will pray the Father, and He shall give you another Comforter, that He may abide with you for ever; *Even* the Spirit of truth; whom the world cannot receive, because it sees Him not, neither knows Him: but you know Him; for He dwells with you, and shall be in you. I will not leave you comfortless: I will come to you. Yet a little while, and the world sees Me no more; but you see Me: because I live, you shall live also. At that day you shall know that I *am* in My Father, and you in Me, and I in you. He that has My commandments, and keeps them, he it is that loves Me: and he that loves Me shall be loved of My Father, and I will love him, and will manifest Myself to him. Judas said to Him, not Iscariot, Lord, how is it that You will manifest Yourself to us, and not to the world? Jesus answered and said to him, If a man love Me, he will keep My words: and My Father will love him, and We will come to him, and make Our abode with him. He that loves Me not keeps not My sayings: and the word which you hear is not Mine, but the Father's which sent Me.

ANOTHER HELPER	P E Y W Q P D I E X J G L H P M S E J Y
LOVE ME	M D H M S X S E E S H I M N O T P Y Z C
KEEP COMMANDMENTS	Q H Z C A N N O T R E C E I V E I L H V
	I E H A K U A A J K M L Q E K K R H B H
COMFORTER	P I R Z A D Q H I K Q I L R I E I L V C
ABIDE FOREVER	U N N Y F N U D M Z U D N S U E T K O Z
	V L O Y O F O G Q K L M L E T P O N D G
SPIRIT OF TRUTH	C X O Z O Q F T B Z H I P F G C F I A L
WORLD	O P N V H U P H H S J V E V Q O T F B I
	M E R B E S N N D E K P C S J M R P I T
CANNOT RECEIVE	V P O I N M C H G L R J D V O M U O D T
SEES HIM NOT	M Z N Y A B E C C I B H J C Q A T I E L
LITTLE WHILE	E K E J A O B W L V E Q E F N H Q F E
	W M A N I F E S T E Y K C L H D H K O W
LIVE ALSO	J V O O U X G G Q A J A H W P M B U R H
I IN YOU	Q S E A J F W X Y L M B J R O E D X E I
MANIFEST	U X O M W R M S U S P O A W Z N R L V L
	W F U W C K A T Y O K D R I A T M D E E
ABODE	W O R L D R L G L V Y E Q O W S G M R G
MINE	C O M F O R T E R Q Z T F I W R L G E R M

133. JOHN 14:25–31 THE GIFT OF HIS PEACE

These things have I spoken to you, being *yet* present with you. But the Comforter, *which is* the Holy Ghost, whom the Father will send in My name, He shall teach you all things, and bring all things to your remembrance, whatsoever I have said to you. Peace I leave with you, My peace I give to you: not as the world gives, give I to you. Let not your heart be troubled, neither let it be afraid. You have heard how I said to you, I go away, and come *again* to you. If you loved Me, you would rejoice, because I said, I go to the Father: for My Father is greater than I. And now I have told you before it comes to pass, that, when it comes to pass, you might believe. Hereafter I will not talk much with you: for the prince of this world comes, and has nothing in Me. But that the world may know that I love the Father; and as the Father gave Me commandment, even so I do. Arise, let us go from here.

```
R  J  J  C  R  M  C  R  Z  I  E  M  W  G  N  R  P  Z
R  E  E  I  O  V  X  O  P  I  U  X  Q  Q  X  W  R  Q
U  O  M  I  H  M  I  T  M  D  R  P  W  J  L  T  I  F
T  T  B  E  G  U  E  Q  L  F  M  C  L  X  T  X  N  A
E  L  P  O  M  O  I  A  U  O  O  Z  G  H  N  G  C  T
A  L  U  R  R  B  A  R  G  G  P  R  X  I  G  X  E  H
C  F  W  H  T  A  R  W  Z  A  O  U  T  U  D  R  O  E
H  G  V  I  G  G  E  A  A  D  I  F  U  E  A  Z  F  R
A  G  N  O  T  R  Y  P  N  Y  G  N  K  T  R  R  T  W
L  C  D  Y  U  H  R  K  R  C  F  H  Y  J  I  O  H  I
L  J  V  Q  B  L  Y  R  D  E  E  J  N  U  S  X  I  L
T  S  W  G  K  R  I  O  D  P  S  E  C  P  E  G  S  L
H  T  Q  L  M  W  X  Z  U  B  G  E  J  X  L  P  W  S
I  H  O  L  Y  G  H  O  S  T  T  T  N  C  G  X  O  E
N  U  Z  N  G  M  C  L  Z  O  D  S  B  T  C  J  R  N
G  W  L  T  H  E  S  E  T  H  I  N  G  S  T  U  L  D
S  I  N  M  Y  N  A  M  E  U  J  L  E  F  S  F  D  D
B  R  I  N  G  A  L  L  T  H  I  N  G  S  L  S  E  B
```

THESE THINGS

PRESENT

WITH YOU

COMFORTER

HOLY GHOST

FATHER WILL SEND

IN MY NAME

TEACH ALL THINGS

BRING ALL THINGS

REMEMBRANCE

I GO AWAY

COME AGAIN

PRINCE OF THIS WORLD

ARISE

134. JOHN 15:1–8 THE TRUE VINE

I am the true vine, and My Father is the husbandman. Every branch in Me that bears not fruit He takes away: and every *branch* that bears fruit, He purges it, that it may bring forth more fruit. Now you are clean through the word which I have spoken to you. Abide in Me, and I in you. As the branch cannot bear fruit of itself, except it abide in the vine; no more can you, except you abide in Me. I am the vine, you *are* the branches: He that abides in Me, and I in him, the same brings forth much fruit: for without Me you can do nothing. If a man abide not in Me, he is cast forth as a branch, and is withered; and men gather them, and cast *them* into the fire, and they are burned. If you abide in Me, and My words abide in you, you shall ask what you will, and it shall be done to you. Herein is My Father glorified, that you bear much fruit; so shall you be My disciples.

TRUE VINE

HUSBANDMAN

BRANCH

BEARS FRUIT

PURGES

CLEAN

ABIDE IN ME

CAST FORTH

WITHERED

DISCIPLES

```
F O T X L N Q B A I I L Y U P
E M L T W L W R B B W J P W G
F Q G L U E W A I A Q I W I Z
Z G C I F X C N D F V W I T Z
U Z T T H H A C E H S G H H T
C L P S O X O H I T J V C E R
L H Y P C L U A N X N R A R U
E I Z N W N M L M N V T S E E
A F Y Z C G A M E W G Y T D V
N L K A G J K V Q F Q A F O I
I Q H U S B A N D M A N O V N
O V F T E H E D S Y O D R R E
O I M B E A R S F R U I T A C
Q P U R G E S Y Z Q B P H P N
A C P D I S C I P L E S J I N
```

135. JOHN 15:9–17 LOVE AND JOY PERFECTED

As the Father has loved Me, so have I loved you: continue you in My love. If you keep My commandments, you shall abide in My love; even as I have kept My Father's commandments, and abide in His love. These things have I spoken to you, that My joy might remain in you, and *that* your joy might be full. This is My commandment, That you love one another, as I have loved you. Greater love has no man than this, that a man lay down his life for his friends. You are My friends, if you do whatsoever I command you. Hereafter I call you not servants; for the servant knows not what his lord does: but I have called you friends; for all things that I have heard of My Father I have made known to you. You have not chosen Me, but I have chosen you, and ordained you, that you should go and bring forth fruit, and *that* your fruit should remain: that whatsoever you shall ask of the Father in My name, He may give it you. These things I command you, that you love one another.

LOVE AND JOY															
LOVE AND JOY	M	A	Y	B	E	F	U	L	L	O	I	J	N	Z	C	C
PERFECTED	M	W	W	W	K	P	P	X	C	W	Q	H	U	T	Q	H
CONTINUE	C	I	M	F	N	Q	B	M	L	I	F	H	I	N	Z	O
ABIDE	S	O	C	L	O	V	E	A	N	D	J	O	Y	C	C	S
REMAIN	K	I	M	T	B	I	Y	G	D	Q	B	E	A	E	O	E
MAY BE FULL	E	Z	H	M	L	H	A	A	B	I	D	E	O	I	N	N
LOVE ONE ANOTHER	Q	B	K	L	A	E	Y	R	F	G	C	G	D	M	T	A
MY FRIENDS	M	O	N	Z	Q	N	J	T	B	Y	Z	S	T	Y	I	R
SERVANTS	B	T	V	S	E	M	D	L	M	O	H	V	I	F	N	E
CHOSEN	L	O	V	E	O	N	E	A	N	O	T	H	E	R	U	M
ORDAINED	N	M	L	S	E	R	V	A	N	T	S	F	F	I	E	A
COMMAND	Y	Y	Y	Q	K	S	S	I	F	B	X	Y	N	E	F	I
	M	P	D	P	E	R	F	E	C	T	E	D	X	N	L	N
	U	B	U	M	V	N	Y	V	M	I	A	V	Y	D	C	P
	U	A	A	T	R	P	N	Z	L	V	B	Y	X	S	U	A
	S	V	O	P	L	O	R	D	A	I	N	E	D	C	P	A

136. JOHN 15:18–25 THE WORLD'S HATRED

If the world hate you, you know that it hated Me before *it hated* you. If you were of the world, the world would love his own: but because you are not of the world, but I have chosen you out of the world, therefore the world hates you. Remember the word that I said to you, The servant is not greater than his lord. If they have persecuted Me, they will also persecute you; if they have kept My saying, they will keep yours also. But all these things will they do to you for My name's sake, because they know not Him that sent Me. If I had not come and spoken to them, they had not had sin: but now they have no cloak for their sin. He that hates Me hates My Father also. If I had not done among them the works which no other man did, they had not had sin: but now have they both seen and hated both Me and My Father. But *this comes to pass*, that the word might be fulfilled that is written in their law, They hated Me without a cause.

HATE YOU

LOVE HIS OWN

OF THE WORLD

CHOSEN YOU

KEEP MY SAYING

ALL THESE THINGS

COME AND SPOKEN

CLOAK

COMES TO PASS

FULFILLED

```
X H C H O S E N Y O U W F N Y Y
G K E E P M Y S A Y I N G G M K
V S O D V V Q O K W U X K A F G
M C I U G H K C N S P W H E U E
K V W M T U U O C L O A K N L Y
M W D T Z W G M P H J V Q S F L
A L L T H E S E T H I N G S I O
F Z H D C K W S C Z S A Q B L V
X B P F L L F T M N F X S B L E
E P J U O F C O R H Z Y A L E H
P Y P L Y X Q P U R G V P J D I
E L M J U R J A D X S Q O N T S
W M X H S M R S G I E Z U O L O
W F V D L G W S H A T E Y O U W
J K O F T H E W O R L D E I W N
G T C O M E A N D S P O K E N O
```

But when the Comforter is come, whom I will send to you from the Father, *even* the Spirit of truth, which proceeds from the Father, He shall testify of Me: And you also shall bear witness, because you have been with Me from the beginning. These things have I spoken to you, that you should not be offended. They shall put you out of the synagogues: yea, the time comes, that whosoever kills you will think that he does God service. And these things will they do to you, because they have not known the Father, nor Me. But these things have I told you, that when the time shall come, you may remember that I told you of them. And these things I said not to you at the beginning, because I was with you.

```
E Q F R O M T H E F A T H E R X Y Q
J F U B C A B Z G W F Z C S Z J Y Y
I E J Q W Q L J X C V X O P I T L J
F B O H X S Y H X O G X M I R E Z S
C U F X C P X R D Y X H F R V S D A
P K R V P O Z N Q Y E Y O I A T B O
U I Y L F K N T X Q Z H R T L I G K
V E A D C E J T L C T P T O D F H X
K P M H P N S E R V I C E F P Y Q P
V N L C B T B M M O F N R T X K Y R
S E N D T O Y O U W D W F R V B D O
L I R P G Y A B V D O J H U Z Z Q C
L S K G A O Z J V G A I S T P A J E
K P Z U J U G T W E Y F B H Y H P E
F F R O M T H E B E G I N N I N G D
I S C O M E F M N M L H V Z T W E S
L G U N L B E A R W I T N E S S J G
N O T B E O F F E N D E D J S G O I
```

COMFORTER

IS COME

SEND TO YOU

FROM THE FATHER

SPIRIT OF TRUTH

PROCEEDS

TESTIFY

BEAR WITNESS

FROM THE BEGINNING

SPOKEN TO YOU

NOT BE OFFENDED

SERVICE

But now I go my way to Him that sent Me; and none of you asks Me, Where go You? But because I have said these things to you, sorrow has filled your heart. Nevertheless I tell you the truth; It is expedient for you that I go away: for if I go not away, the Comforter will not come to you; but if I depart, I will send Him to you. And when He is come, He will reprove the world of sin, and of righteousness, and of judgment: Of sin, because they believe not on Me; Of righteousness, because I go to My Father, and you see Me no more; Of judgment, because the prince of this world is judged. I have yet many things to say to you, but you cannot bear them now. However when He, the Spirit of truth, is come, He will guide you into all truth: for He shall not speak of Himself; but whatsoever He shall hear, *that* shall He speak: and He will show you things to come. He shall glorify Me: for He shall receive of Mine, and shall show *it* to you. All things that the Father has are Mine: therefore said I, that He shall take of Mine, and shall show *it* to you.

GO MY WAY

HIM THAT SENT ME

WHERE GO YOU

SORROW

EXPEDIENT

THE COMFORTER

DEPART

SEND HIM

REPROVE

RIGHTEOUSNESS

JUDGMENT

PRINCE OF THIS WORLD

SPIRIT OF TRUTH

TAKE OF MINE

```
G O M Y W A Y V F S J U P I J B K P
E V S P S K H H P Z H G T B U R M R
L R W X S O R E T P Z O H X D E C I
P E I H F H R H G O H Z E B G P Q N
T H C G E E X R U G N A C G M R E C
F A C P H R A T O Q Y L O Q E O L E
W D K V E T E E J W N P M E N V B O
L E A E S P E G U U H M F N T E H F
Y P E L O W W O O H S G O O E E D T
Z A O T C F R W U Y Y K R C D J X H
Y R C J T W M N V S O H T O U U S I
X T Q W F E U I Y E N U E W B E E S
C G F R B M H G N C P E R P G F N W
Z D A K P J D K Z E S Y S C W V D O
W H K R X Y J N E Z Z K F S T X H R
E X P E D I E N T K N O L H D F I L
S D H I M T H A T S E N T M E B M D
S P I R I T O F T R U T H L W M Z X
```

139. JOHN 16:16–24 SORROW WILL TURN TO JOY

A little while, and you shall not see Me: and again, a little while, and you shall see Me, because I go to the Father. Then said *some* of His disciples among themselves, What is this that He says to us, A little while, and you shall not see Me: and again, a little while, and you shall see Me: and, Because I go to the Father? They said therefore, What is this that He says, A little while? we cannot tell what He says. Now Jesus knew that they were desirous to ask Him, and said to them, Do you inquire among yourselves of that I said, A little while, and you shall not see Me: and again, a little while, and you shall see Me? Verily, verily, I say to you, That you shall weep and lament, but the world shall rejoice: and you shall be sorrowful, but your sorrow shall be turned into joy. A woman when she is in travail has sorrow, because her hour is come: but as soon as she is delivered of the child, she remembers no more the anguish, for joy that a man is born into the world. And you now therefore have sorrow: but I will see you again, and your heart shall rejoice, and your joy no man takes from you. And in that day you shall ask Me nothing. Verily, verily, I say to you, Whatsoever you shall ask the Father in My name, He will give *it* you. Until now have you asked nothing in My name: ask, and you shall receive, that your joy may be full.

SORROW

SHALL NOT SEE ME

GO TO THE FATHER

A LITTLE WHILE

WEEP

LAMENT

TURNED TO JOY

TRAVAIL

DELIVERED

JOY IS BORN

```
G T Q C A H P C E Q G U Z A E
V O D E L I V E R E D G G L S
Z I T T Y F R R L Y O G F I S
N C Z O U B D F X R B V H T T
S E Q P T R Y J M T F Q R T L
P V H P N H N J Q E N M V L L
K R A R D C E E R H D L E E L
D W E U I Y T F D V B G E W A
Y G S O R R O W A T S F Y H M
D B O V X T D W B T O G P I E
R J I Q A M Q Y E J H J B L N
J O Y I S B O R N E P E O E T
C T R A V A I L V R P N R Y U
S H A L L N O T S E E M E N K
J P X M O T Y Y T T L B Q O N
```

185

140. JOHN 16:25–33
JESUS CHRIST HAS OVERCOME THE WORLD

These things have I spoken to you in proverbs: but the time comes, when I shall no more speak to you in proverbs, but I shall show you plainly of the Father. At that day you shall ask in My name: and I say not to you, that I will pray the Father for you: For the Father Himself loves you, because you have loved Me, and have believed that I came out from God. I came forth from the Father, and am come into the world: again, I leave the world, and go to the Father. His disciples said to Him, Lo, now speak You plainly, and speak no proverb. Now are we sure that You know all things, and need not that any man should ask You: by this we believe that You came forth from God. Jesus answered them, Do you now believe? Behold, the hour comes, yea, is now come, that you shall be scattered, every man to his own, and shall leave Me alone: and yet I am not alone, because the Father is with Me. These things I have spoken to you, that in Me you might have peace. In the world you shall have tribulation: but be of good cheer; I have overcome the world.

```
S I L D A V K U V A R S H K H
F N O T A L O N E E S R A N P
U B L N C G V F Y O S V V O L
V F S C A T T E R E D G E W A
B X V X I T Q U N R X O P A I
K L C Z M L T A U O A O E L N
O W Y Z Y F P W Z G F D A L L
L Q A G Y R H N R X M C C T Y
B H O U R C O M E S A H E H H
D P R O V E R B S T Y E G I K
H G Q S I C W Y Z S L E Z N J
F A I N Q I Q A F P X R O G N
Q K Q N V P I K C I K W Y S I
R X M I K C O M E F O R T H N
O V E R C O M E Q E L M Q X W
```

OVERCOME

PROVERBS

PLAINLY

COME FORTH

KNOW ALL THINGS

HOUR COMES

SCATTERED

NOT ALONE

HAVE PEACE

GOOD CHEER

And as they led Him away, they laid hold upon one Simon, a Cyrenian, coming out of the country, and on him they laid the cross, that he might bear *it* after Jesus. And there followed Him a great company of people, and of women, which also bewailed and lamented Him. wailed and wept for But Jesus turning to them said, Daughters of Jerusalem, weep not for Me, but weep for yourselves, and for your children. For, behold, the days are coming, in the which they shall say, Blessed *are* the barren, and the wombs that never bore, and the paps which never gave suck. Then shall they begin to say to the mountains, Fall on us; and to the hills, Cover us. For if they do these things in a green tree, what shall be done in the dry? And there were also two other, malefactors, led with Him to be put to death. And when they were come to the place, which is called Calvary, there they crucified Him, and the malefactors, one on the right hand, and the other on the left. Then said Jesus, Father, forgive them; for they know not what they do. And they parted His raiment, and cast lots. And the people stood beholding. And the rulers also with them derided *Him*, saying, He saved others; let Him save Himself, if He be Christ, the chosen of God. And the soldiers also mocked Him, coming to Him, and offering Him vinegar, And saying, If You be the king of the Jews, save Yourself. And a superscription also was written over Him in letters of Greek, and Latin, and Hebrew, THIS IS THE KING OF THE JEWS. And one of the malefactors which were hanged railed on Him, saying, If You be Christ, save Yourself and us. But the other answering rebuked him, saying, Do not you fear God, seeing you are in the same condemnation? And we indeed justly; for we receive the due reward of our deeds: but this man has done nothing amiss. And he said to Jesus, Lord, remember me when You come into Your kingdom. And Jesus said to him, Verily I say to you, Today shall you be with Me in paradise.

LUKE 23:44–49 JESUS DIES ON THE CROSS

And it was about the sixth hour, and there was a darkness over all the earth until the ninth hour. And the sun was darkened, and the veil of the temple was rent in the midst. And when Jesus had cried with a loud voice, He said, Father, into Your hands I commend My spirit: and having said thus, He gave up the ghost. Now when the centurion saw what was done, he glorified God, saying, Certainly this was a righteous man. And all the people that came together to that sight, beholding the things which were done, smote their breasts, and returned. And all His acquaintance, and the women that followed Him from Galilee, stood afar off, beholding these things.

```
L K O C N I P W Y W A B P X Q G N
K I M E H V K A H Q E U Z G C T R R
A N P N T P Z C R A M E Y J B T E B
R G K T G Q Q I S A T T P J I R E N
I O E U V E C G C A D T N N F A N Q
G F I R P E R M H G C I H N O F T J
H T R I I J H C M Y G T S E E T R E
T H F O R G I V E T H E M E Y J E L
E E M N B M S Q R Z I I L T D D E R
O J U A T E T D C R X P A L M X O P
U E B U F X W O Y K V G M B J K K E
S W D U Y G C A D Y X P E G S N G U
Q S S C R F U C I A E G N A B O E S
Y F A L L O N U S L Y I T V T W I P
R E K M Q K L Z F B E R E E K N N Q
B X E L X E U N M D R D D U Y O U T
Z G H O S T V T L T Q K V P O T B K
N W D A U G H T E R S D Y Q H Q X K
```

BEWAILED   LAMENTED   DAUGHTERS   WEEP NOT   FALL ON US

GREEN TREE   FORGIVE THEM   KNOW NOT   WHAT THEY DO   KING OF THE JEWS

TODAY   PARADISE   GAVE UP   GHOST   CENTURION

RIGHTEOUS

142. MATTHEW 28:9-10 THE WOMEN WORSHIP THE RISEN LORD

And as they went to tell His disciples, behold, Jesus met them, saying, All hail. And they came and held Him by the feet, and worshipped Him. Then said Jesus to them, Be not afraid: go tell My brethren that they go into Galilee, and there shall they see Me.

MATTHEW 28:16-20 THE GREAT COMMISSION

Then the eleven disciples went away into Galilee, into a mountain where Jesus had appointed them. And when they saw Him, they worshiped Him: but some doubted. And Jesus came and spoke to them, saying, All power is given to Me in heaven and in earth. Go you therefore, and teach all nations, baptizing them in the name of the Father, and of the Son, and of the Holy Ghost: Teaching them to observe all things whatsoever I have commanded you: and, lo, I am with you always, even to the end of the world.

```
H  L  S  W  O  R  S  H  I  P  P  E  D  R  G  E
J  E  K  K  V  I  S  C  H  I  K  Y  J  K  T  P
J  A  A  R  A  A  G  K  T  U  Z  A  P  A  W  B
K  L  E  V  D  L  O  W  M  M  P  B  T  E  I  E
V  L  V  W  E  L  R  Z  O  F  M  C  D  A  T  N
M  P  U  J  Q  N  E  C  R  M  L  J  J  L  H  O
M  O  U  Y  D  A  A  Z  T  H  S  T  A  L  Y  T
E  W  R  I  T  T  A  N  N  Q  C  N  D  H  O  A
G  E  S  K  Q  I  I  F  D  S  V  E  W  A  U  F
A  R  Y  J  C  O  Q  M  N  E  L  Y  K  I  A  R
L  I  F  Q  T  N  U  M  W  J  A  J  L  L  L  A
I  E  D  P  Y  S  F  Y  C  E  D  R  F  W  W  I
L  E  G  E  L  M  P  K  C  C  F  B  T  O  A  D
E  R  T  E  A  C  H  I  N  G  F  A  S  H  Y  D
E  X  Q  Q  A  U  L  Y  H  O  T  C  V  U  S  V
B  A  P  T  I  Z  I  N  G  T  S  E  E  M  E  B
```

ALL HAIL

WORSHIPPED

BE NOT AFRAID

SEE ME

GALILEE

ALL POWER

HEAVEN AND EARTH

ALL NATIONS

BAPTIZING

TEACHING

WITH YOU ALWAYS

And, behold, two of them went that same day to a village called Emmaus, which was from Jerusalem *about* threescore furlongs. And they talked together of all these things which had happened. And it came to pass, that, while they communed *together* and reasoned, Jesus Himself drew near, and went with them. But their eyes were held that they should not know Him. And He said to them, What manner of communications *are* these that you have one to another, as you walk, and are sad? And the one of them, whose name was Cleopas, answering said to Him, Are you only a stranger in Jerusalem, and have not known the things which are come to pass there in these days? And He said to them, What things? And they said to Him, Concerning Jesus of Nazareth, which was a prophet mighty in deed and word before God and all the people: And how the chief priests and our rulers delivered Him to be condemned to death, and have crucified Him. But we trusted that it had been He which should have redeemed Israel: and beside all this, today is the third day since these things were done. Yea, and certain women also of our company made us astonished, which were early at the sepulcher; And when they found not His body, they came, saying, that they had also seen a vision of angels, which said that He was alive. And certain of them which were with us went to the sepulcher, and found *it* even so as the women had said: but Him they saw not. Then He said to them, O fools, and slow of heart to believe all that the prophets have spoken: Ought not Christ to have suffered these things, and to enter into His glory? And beginning at Moses and all the prophets, He expounded to them in all the scriptures the things concerning Himself.

EMMAUS   THREESCORE   FURLONGS   COMMUNED   REASONED

DREW NEAR   COMMUNICATIONS   CRUCIFIED   THIRD DAY   SEPULCHER

REDEEMED ISRAEL   VISION OF ANGELS   HE WAS ALIVE   ENTER   HIS GLORY

```
F F F K E L T N L E D F E G I C V S D F
X L P D M Y H P B B J M A K X O I E O V
P J U Z P N R H G O P Q I F R M S P X E
Y Z P N X T E I W K D Y S O P M O U L C
Y G F C D U E S S H L Q F Q M U N L X G
A Y L R Z W S G E N T E R F B N O C D R
N E M U W G C L T I H Q S R E I F H I T
B M W C J Z O O O A Y I M H L C A E A H
W M W I C N R R G O L Q E W D A N R R I
A A Z F T L E Y M V W C S V C T G H X R
V U T I H X Q E F C X W O A R I E Q G D
F S N E V E Q L R Q H I B D F O L U T D
D S B D H E W A S A L I V E U N S U X A
U U W E Q K L L E P O J Z K R S A I G Y
X R E D E E M E D I S R A E L H B D X Z
R I C A T Z O M H S A Y M P O K S P T M
R E A S O N E D K W P Q M W N S R C P W
Z U F P C O M M U N E D M Q G G Q X F V
F V I X L B O V E K N E J K S P I V J M
I J D R E W N E A R S M J I K D S K R G
```

144. LUKE 24:36–43 JESUS APPEARS TO HIS DISCIPLES

And as they thus spoke, Jesus Himself stood in the midst of them, and says to them, Peace *be* to you. But they were terrified and frightened, and supposed that they had seen a spirit. And He said to them, Why are you troubled? and why do thoughts arise in your hearts? Behold My hands and My feet, that it is I Myself: handle Me, and see; for a spirit has not flesh and bones, as you see Me have. And when He had thus spoken, He showed them *His* hands and *His* feet. And while they yet believed not for joy, and wondered, He said to them, Have you here any meat? And they gave Him a piece of a broiled fish, and of a honeycomb. And He took *it*, and did eat before them.

JESUS HIMSELF

MIDST OF THEM

PEACE BE

TERRIFIED

A SPIRIT

TROUBLED

THOUGHTS ARISE

BEHOLD

MY HANDS AND FEET

HANDLE

FLESH AND BONES

BROILED FISH

HONEYCOMB

EAT BEFORE THEM

```
Q F G H T U R I X L H Q Y B P D
P B B U A E A C C S U J J R Z O
T E E H E N R N X J F E U O A T
O R A H O S D R L L X L V I S H
H D L C O N Q L I K Q N V L P O
G P J I E L E Q E F I C H E I U
C R Q R X B D Y X T I Q T D R G
G H B W Y B E W C P F E N F I H
T C J G M Y Y C H O O Q D I T T
M I D S T O F T H E M K M S U S
S A W C P A V T P S C B B H O A
L S B Y B T R O U B L E D U U R
O M W J E S U S H I M S E L F I
E A T B E F O R E T H E M Q G S
F L E S H A N D B O N E S I Z E
M Y H A N D S A N D F E E T T Z
```

But Thomas, one of the twelve, called Didymus, was not with them when Jesus came. The other disciples therefore said to him, We have seen the Lord. But he said to them, Except I shall see in His hands the print of the nails, and put my finger into the print of the nails, and thrust my hand into His side, I will not believe. And after eight days again His disciples were within, and Thomas with them: *then* came Jesus, the doors being shut, and stood in the midst, and said, Peace *be* to you. Then said He to Thomas, Reach here your finger, and behold My hands; and reach here your hand, and thrust *it* into My side: and be not faithless, but believing. And Thomas answered and said to Him, My Lord and My God. Jesus says to him, Thomas, because you have seen Me, you have believed: blessed *are* they that have not seen, and *yet* have believed.

```
H X R V M U Z D D L E K A D A B V S K A
D A F S M D X U O U D K M I T R V T N F
N S N P K M N F R O K M X S N U M O O A
L U D D E H Y G G P R S F X M M Q O T O
G W D R X N N L W I R S R F R S Y D F T
J A L B C M I E O S S L S W I I Q F A P
D O N L E F K R S R I G P H W D B I I V
I E E E P E I G H T D A Y S U E E N T Y
D H L S T Y J O D M V A O F F T H G H R
Y H Q S I T D D T A R A N L N R O E L E
M R O E S F V I A K A A C D H I L R E A
U N O D E J B U P R I N T X G M D N S C
S V S E E N T H E L O R D M Q O A A S H
J K Z I N T H E M I D S T I X E D I J H
U Z Y R Z R L D J G J A U B I T O L L E
K P R H I D R Q T D S M R X Q M L S L R
Y Z N O T S E E N B Y Y J J M N H J X E
H B O C Q T H O M A S K W X H U L C W T
Y E T B E L I E V E D R U A C G B R V Q
Z G H C H Y W L Z I Z Q K W O D P L P Z
```

THOMAS
DIDYMUS
SEEN THE LORD
EXCEPT I SEE
PRINT
NAILS
FINGER
HAND
SIDE
EIGHT DAYS
DOORS SHUT
STOOD
IN THE MIDST
REACH HERE
BEHOLD
NOT FAITHLESS
MY LORD AND GOD
BLESSED
NOT SEEN
YET BELIEVED

146. LUKE 24:44–49 THE SCRIPTURES OPENED

And He said to them, These *are* the words which I spoke to you, while I was yet with you, that all things must be fulfilled, which were written in the law of Moses, and *in* the prophets, and *in* the psalms, concerning Me. Then opened He their understanding, that they might understand the scriptures, And said to them, Thus it is written, and thus it behoved Christ to suffer, and to rise from the dead the third day: And that repentance and remission of sins should be preached in His name among all nations, beginning at Jerusalem. And you are witnesses of these things. And, behold, I send the promise of My Father upon you: but tarry you in the city of Jerusalem, until you be endued with power from on high.

WORDS I SPOKE

ALL THINGS

FULFILLED

WRITTEN

LAW OF MOSES

PROPHETS

PSALMS

OPENED

UNDERSTANDING

IT IS WRITTEN

TO SUFFER

RISE FROM THE DEAD

REPENTANCE

REMISSION

IN HIS NAME

ALL NATIONS

WITNESSES

TARRY

POWER FROM ON HIGH

```
X A Q A H M K W R I T T E N R W Q Z D H
P F P P I T I S W R I T T E N S Y R P U
M U W M Q U G R O F D Y E P P L S I R N
G L I E E A N K H A H S O W O R W S O D
M F T K C G L T M I P M C U W E O E P E
P I N X V Q Q L P A E M F Q E P R F H R
E L E T O U M U T X M J M K R E D R E S
Q L S J H D C I W H W J E R F N S O T T
F E S O T Y N U H Z I R W I R T I M S A
P D E A A Q Q P O P E N E D O A S T Q N
R A S E Z U P S A L M S G Z M N P H O D
S G J W C D W O T L R P D S O C O E K I
B D A D L A W O F M O S E S N E K D M N
T O S U F F E R Y W G C Y M H T E E Q G
V W P L T A R R Y M F T Y N I B P A Z B
O U I N H I S N A M E Z I L G V P D Y B
H P E D P I H V I G A V U X H F M O N X
A L L N A T I O N S P V K S C X U X O Q
B U S K U R E M I S S I O N O X O M Z B
Z N S Z U Y M E U Q W K C Y I C L D A I
```

194

After these things Jesus showed Himself again to the disciples at the sea of Tiberias; and on this wise showed He *Himself*. There were together Simon Peter, and Thomas called Didymus, and Nathanael of Cana in Galilee, and the *sons* of Zebedee, and two other of His disciples. Simon Peter said to them, I go a fishing. They say to him, We also go with you. They went forth, and entered into a ship immediately; and that night they caught nothing. But when the morning was now come, Jesus stood on the shore: but the disciples knew not that it was Jesus. Then Jesus said to them, Children, have you any meat? They answered Him, No. And He said to them, Cast the net on the right side of the ship, and you shall find. They cast therefore, and now they were not able to draw it for the multitude of fishes. Therefore that disciple whom Jesus loved said to Peter, It is the Lord. Now when Simon Peter heard that it was the Lord, he girt *his* fisher's coat *to him*, (for he was naked,) and did cast himself into the sea. And the other disciples came in a little ship; (for they were not far from land, but as it were two hundred cubits,) dragging the net with fishes. As soon then as they were come to land, they saw a fire of coals there, and fish laid thereon, and bread. Jesus said to them, Bring of the fish which you have now caught. Simon Peter went up, and drew the net to land full of great fishes, a hundred and fifty and three: and for all there were so many, yet was not the net broken. Jesus said to them, Come *and* dine. And none of the disciples dared ask Him, Who are You? knowing that it was the Lord. Jesus then came, and took bread, and gave them, and fish likewise. This is now the third time that Jesus showed Himself to His disciples, after that He was risen from the dead.

JOHN 21:15–19 JESUS RESTORES PETER

So when they had dined, Jesus said to Simon Peter, Simon, *son* of Jonah, love you Me more than these? He said to Him, Yea, Lord; You know that I love You. He said to him, Feed My lambs. He said to him again the second time, Simon, son of Jonah, love you Me? He said to Him, Yea, Lord; You know that I love You. He said to him, Feed My sheep. He said to him the third time, Simon, *son* of Jonah, love you Me? Peter was grieved because He said to him the third time, Love you Me? And he said to Him, Lord, You know all things; You know that I love You. Jesus said to him, Feed My sheep. Verily, verily, I say to you, When you were young, you girded yourself, and walked where you would: but when you shall be old, you shall stretch forth your hands, and another shall gird you, and carry *you* where you would not. This spoke He, signifying by what death he should glorify God. And when He had spoken this, He said to him, Follow Me.

SHOWED HIMSELF   SEA OF TIBERIAS   FISHING   ANY MEAT   CAST THE NET
BREAD AND FISH   COME AND DINE   LOVE YOU ME   FEED   MY SHEEP
MY LAMBS   YOUNG   GIRDED YOURSELF   CARRY YOU   FOLLOW ME

```
F F X B L U N P M K S C A F R A S W
O B E G G K Y W Y I D R O I G A H R
D P R E G O N A L Y W Y I S I A O H
H F K E D S M W A X Y T H H R N W C
F T O S A M B L M C B U Y I D B E A
B S P L E D N P B L C U C N E H D R
N A V M L A A H S J O P K G D L H R
Y M C G L O O N P A R P T Q Y O I Y
C Z P J M F W F D M I T Y L O V M Y
R L U Z N Y W M T F W S E U U E S O
D S O U E M S V E I I X Y P R Y E U
T X B D J A V H X M B S H B S O L R
W B U R A N Y M E A T E H Z E U F O
V D Y O U N G P P E D T R Q L M I O
T N E C F U X X O I P U L I F E J W
X W H O T P C A D L O H Y W A O I T
C O M E A N D D I N E C A K E S T S
C A S T T H E N E T J O S K K X M P
```

148. MARK 16:14-18 THE GREAT COMMISSION

Afterward He appeared to the eleven as they sat at meat, and upbraided them with their unbelief and hardness of heart, because they believed not them which had seen Him after He was risen. And He said to them, Go you into all the world, and preach the gospel to every creature. He that believes and is baptized shall be saved: but he that believes not shall be damned. And these signs shall follow them that believe; In My name shall they cast out devils; they shall speak with new tongues; They shall take up serpents; and if they drink any deadly thing, it shall not hurt them; they shall lay hands on the sick, and they shall recover.

```
G M S A T A T M E A T W V H B A S T H X
K T Y P G T F D V O U S G V G F H H A B
B H G G R N Y Y V N B P E L F E A E V T
R L H S E E A P X S T W X C U L L E G T
B N A B P W A E B H P E X P G N L L O H
E F G O U E Y C V A R G A B L Y B E I E
E J Y B Z P A U H P M I G N A W E V N S
S A U V R C B K B T W N T Q Y T S E T E
J Z O E I M U R W O H K B F H V A N O S
Z E A Q H S D G A I W E O D A G V T T I
X S E G G Z X D V I T W G X N J E K H G
I S B A P T I Z E D D H M O D N D W E N
U K U E R E C O V E R E T O S K Q G W S
J S E G P N K W D J Z Y D O X P F N O D
I C A S T O U T D E V I L S N B E Z R F
E V E R Y C R E A T U R E Z A G F L L M
Y O T A G T Z S H O I J K Q R Z U A D C
Z Q H A R D N E S S O F H E A R T E Z V
T Z K F T E A P P E A R E D W G T X S P
G M V R H E W H O B E L I E V E S M C E
```

APPEARED

THE ELEVEN

SAT AT MEAT

UPBRAIDED

HARDNESS OF HEART

GO INTO THE WORLD

PREACH THE GOSPEL

EVERY CREATURE

HE WHO BELIEVES

IS BAPTIZED

SHALL BE SAVED

THESE SIGNS

CAST OUT DEVILS

SPEAK WITH TONGUES

LAY HANDS

RECOVER

I saw a new heaven and a new earth: for the first heaven and the first earth were passed away; and there was no more sea. And I John saw the holy city, new Jerusalem, coming down from God out of heaven, prepared as a bride adorned for her husband. And I heard a great voice out of heaven saying, Behold, the tabernacle of God *is* with men, and He will dwell with them, and they shall be His people, and God Himself shall be with them, *and be* their God. And God shall wipe away all tears from their eyes; and there shall be no more death, neither sorrow, nor crying, neither shall there be any more pain: for the former things are passed away. And He that sat upon the throne said, Behold, I make all things new. And He said to me, Write: for these words are true and faithful. And He said to me, It is done. I am Alpha and Omega, the beginning and the end. I will give to him that is thirsty of the fountain of the water of life freely. He that overcomes shall inherit all things; and I will be his God, and he shall be My son. But the fearful, and unbelieving, and the abominable, and murderers, and whoremongers, and sorcerers, and idolaters, and all liars, shall have their part in the lake which burns with fire and brimstone: which is the second death.

NEW HEAVEN	NEW EARTH	HOLY CITY	JERUSALEM	BRIDE ADORNED
THEIR GOD	WIPE AWAY	FORMER THINGS	PASSED AWAY	WATER OF LIFE
HIS PEOPLE	NO MORE PAIN	FOUNTAIN	DWELL WITH THEM	
BEGINNING AND END	TEARS FROM THEIR EYES	TRUE AND FAITHFUL	ALPHA AND OMEGA	

```
L F C X V C S G H F L S B T R T Y W M B
H C I B B U H T B M L M B H S R T F R F
I F U V Q X Q F H G Z J F E P U E I S D
S P M D D Z F E N H M F O I X E A B B V
P A D F S J O M E O D K R R E A R A R K
E S W Q G P I L W L C N M G S N S F I J
O S E I Q Y F S E Y B R E O F D F O D N
P E L Q P I K L A C M E R D K F R U E E
L D L W W E D Z R I A Y T O J A O N A W
E A W L V A A T T T E L H F I I M T D H
Z W I R O L D W H Y N O I D B T T A O E
Q A T J E R U S A L E M N L Q H H I R A
A Y H D Q V S H J Y X X G E D F E N N V
F D T W Q N B X A Y T F S L U U I H E E
Y X H W A T E R O F L I F E S L R Y D N
N L E F F Q A L P H A A N D O M E G A D
O I M U L Q V C P X H N Z W T A Y V P O
J H B A D I H Y I B E H T C L G E W W P
E B E G I N N I N G A N D E N D S N O F
L A N O M O R E P A I N K Z C O R G A M
```

199

And, behold, I come quickly; and My reward *is* with Me, to give every man according as his work shall be. I am Alpha and Omega, the beginning and the end, the First and the Last. Blessed *are* they that do His commandments, that they may have right to the tree of life, and may enter in through the gates into the city. For outside *are* dogs, and sorcerers, and whoremongers, and murderers, and idolaters, and whosoever loves and makes a lie. I Jesus have sent My angel to testify to you these things in the churches. I am the Root and the Offspring of David, *and* the Bright and Morning Star. And the Spirit and the bride say, Come. And let him that hears say, Come. And let him that is thirsty come. And whosoever will, let him take the water of life freely.

BEHOLD

COME QUICKLY

REWARD

EVERY MAN

ACCORDING

FIRST AND LAST

DOGS

SORCERERS

MURDERS

IDOLATERS

LOVES A LIE

MY ANGEL

ROOT AND
   OFFSPRING

BRIGHT

MORNING STAR

SPIRIT AND BRIDE

COME

HE WHO HEARS

WATER OF LIFE

FREELY

```
J L M E P M U R D E R S N K A R V M W J
C B W O U W M P C E C M O C S G G X C D
E L E P R Q M Y K M R O V I O N G R H O
I T O H S N W S A U C B M H R S S H R G
C H V V O O I Z Z N Z H X E C Z A A V S
M O F P E L T N R K G I C S E B C C O P
G I M J I S D X G K E E J V R Z C Z Y I
I B E E D Y A O U S P X L Y E Z O I X R
Z W V M Q N D L L L T H I H R E R D O I
W V E F X U Y M I B W A O K S D D O H T
G H R Q K A I I M E L N R N T P I L E A
T B Y Y Q W V C S I P U H B O I N A W N
Y D M C A W X M K F R E E L Y F G T H D
W X A F D L A T R L B S D A R U W E O B
C B N I C L U A L U Y N P A U S G R H R
M Z F Y W B B R I G H T E G R P V S E I
F F I R S T A N D L A S T J D I T Z A D
G W D U M F W A T E R O F L I F E B R E
W R E W A R D K C H C F O Q E V O C S J
R O O T A N D O F F S P R I N G B Y J Y
```

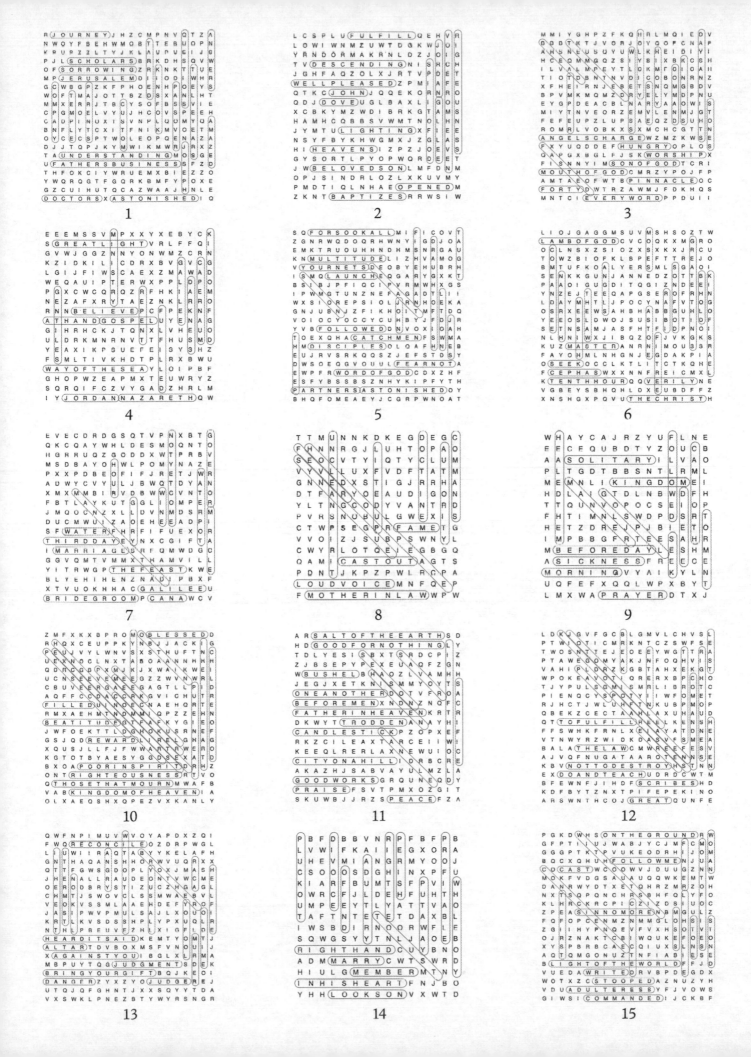

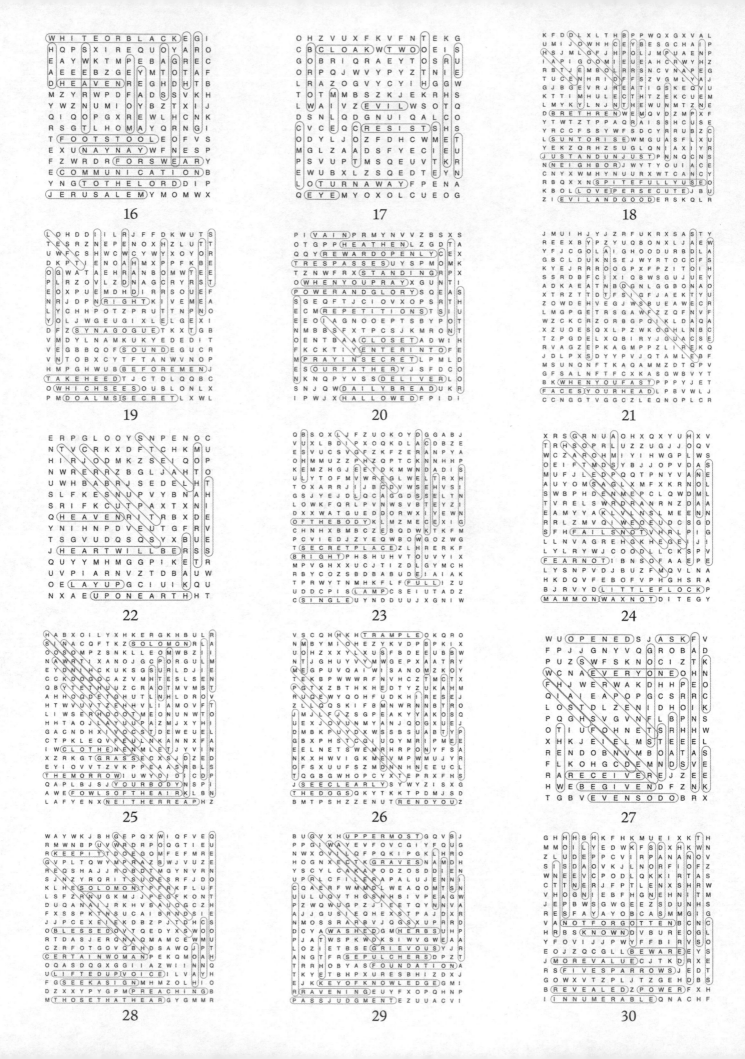

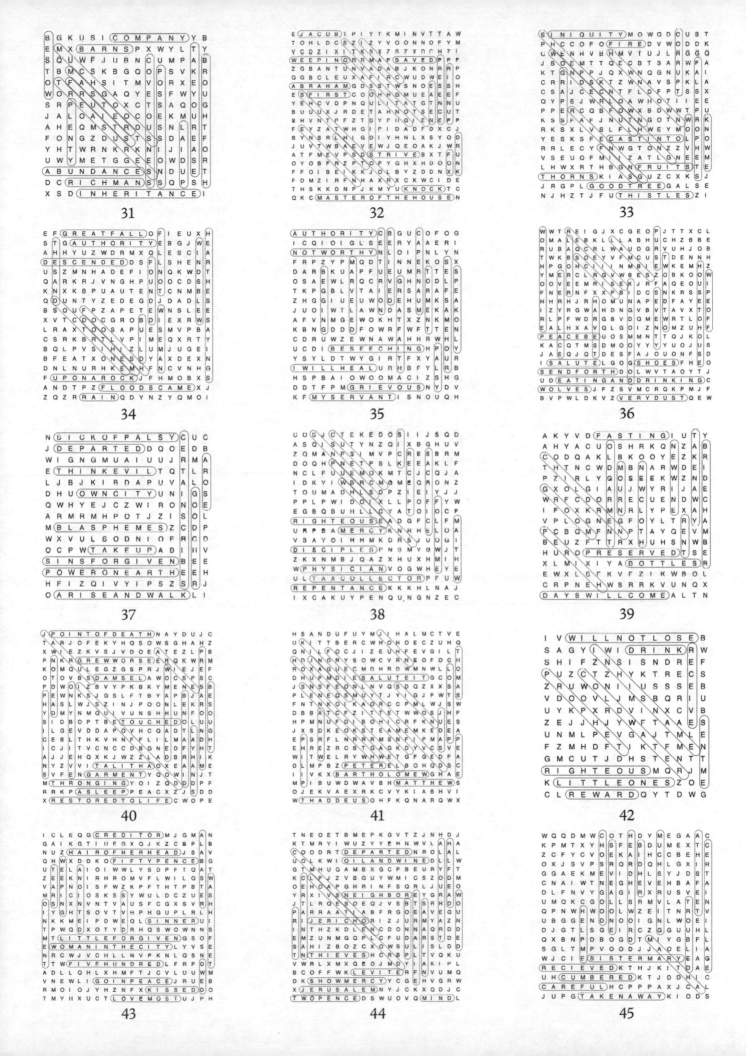

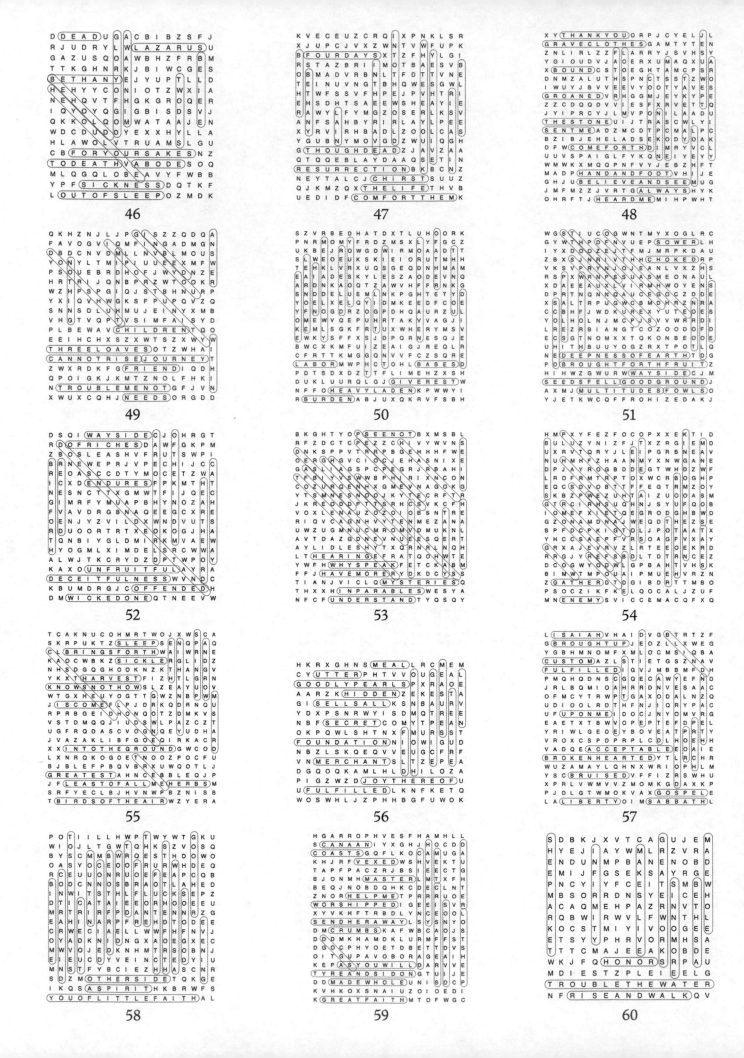

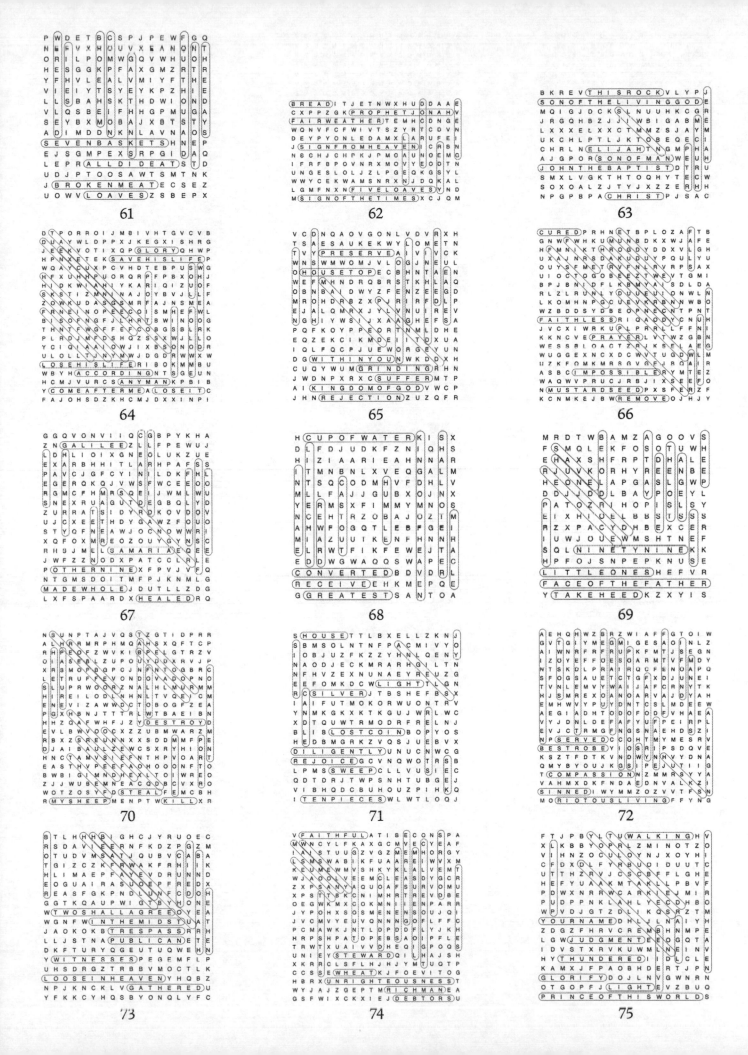

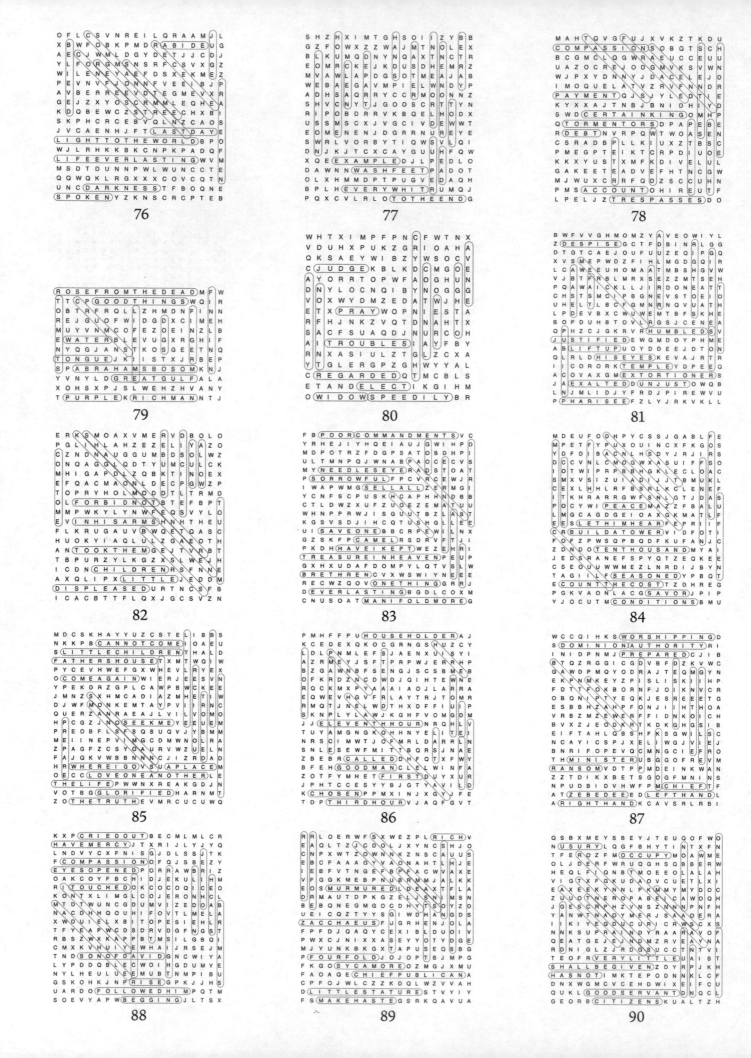

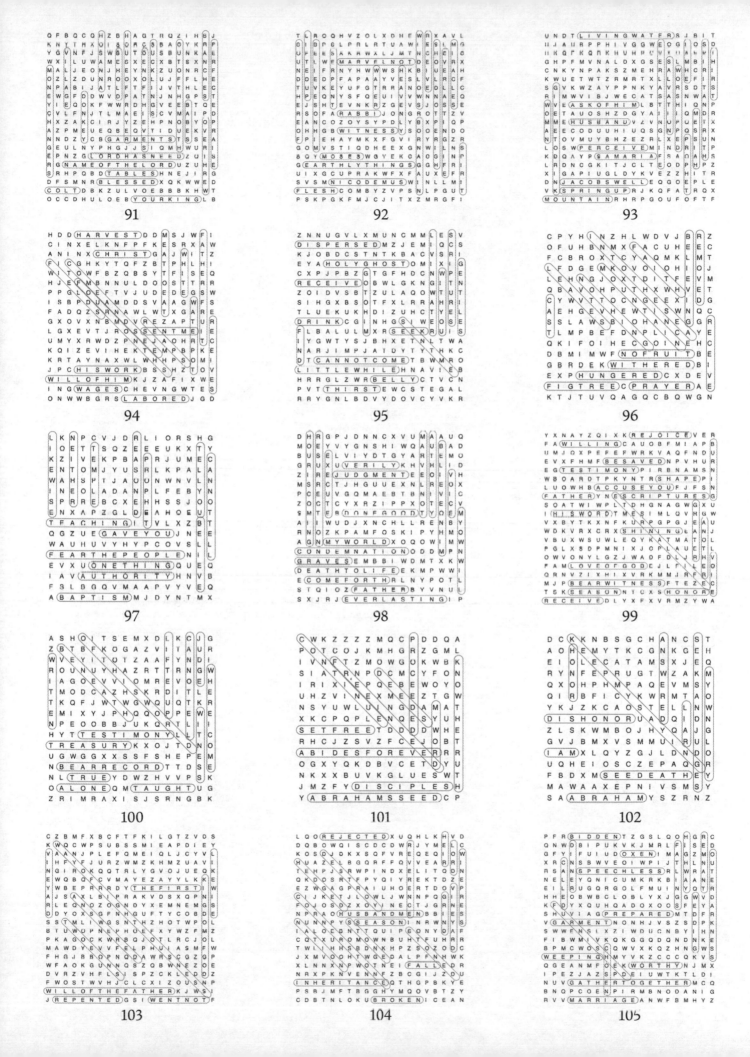

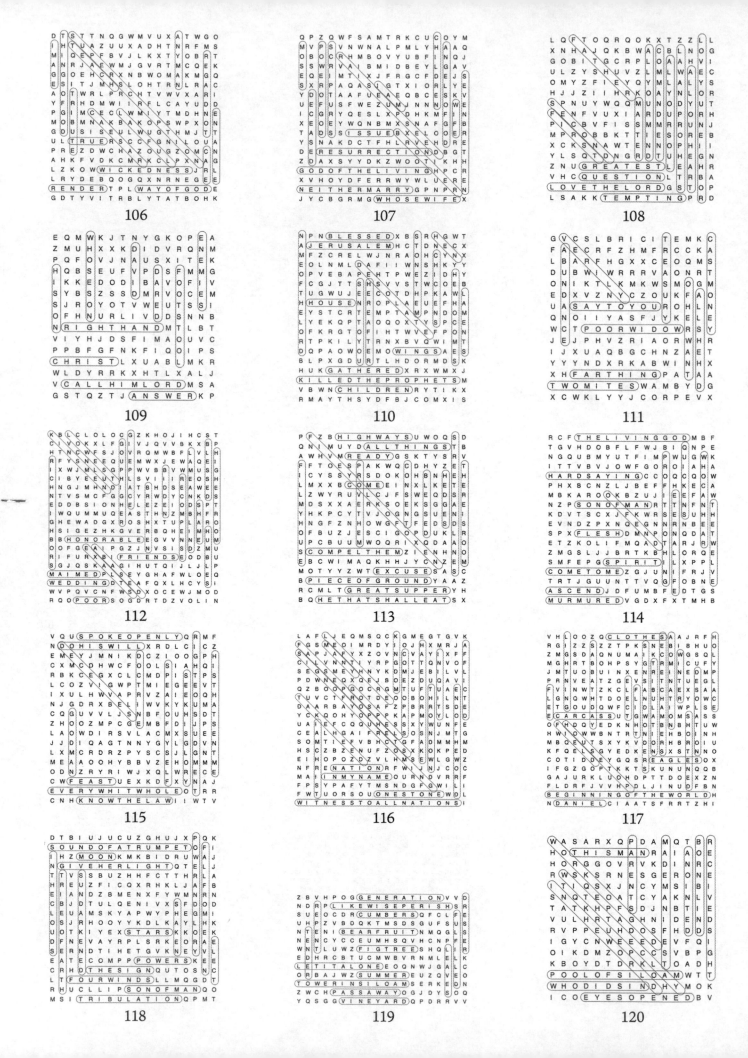

Word search puzzles (grids of letters with circled answer words).

121

```
M A D E B L I N D S T S E Z J
B B G Z U H P U P E H J Y H U
G J L V U J M L U E T J G M D
M T Q I P H O D G H V S I U M
W L F W E Z S N X I Q T N H E
E P W Y B V X U M G T O V R S
E Q V T M F E D C G C Y Z A
E F V W H O I S H E V O A O R
C A S N O Q H H W G N P D C J
K W G Z I H A Y C M U W J Z I
T B B X C A S T H I M O U T V
F O U N D M E M L L T W G V X
W O R S H I P P E D S I F E T
```
121

122

```
U I O A S P L N L L H U C T U N P F
A B O W E D T O G E T H E R J W E R
A X Z W I D E A T A N N U I B W J R
K O E O O H Q T S D O H E G J B O P
C G Q A O B U P Q O M H G H V Y E M
E L I T R K I L J W G L H G U Y R A
A L O J K E B R D A R O T G C R E D
C X A O M C L K Z T D H E R N X J O
F R X W S G T O I E E F E R S V O S
N C I K H E B O F D Y Z K K I C P A
U W J P E E O I S S J Y X X I E A T
Q V W R H V F X J M E X E R D C E A
O P V S T F K F S E P B G J H R U L
S P I R I T O F I N F I R M I T Y L
E R C Z Z S I X D A Y S S I G D X H
S E F F Q R U Q Q R S L R K X U N T
D A U G H T E R O F A B R A H A M N
```
122

123

```
V I N B E R E A D Y K D Y P A A
L J Z Q A Q R G D U F W U R D U
E E A T I N G U Y S G X I M H I
F Y R I M L J O U R W M C K N K
L O A Q A I M D U X I O C R N O
O R B Y Q B F M E H V F W E T Y W
D A C U D P X N B L V X H I N S
E D A Y S O F N O A H O E N N O
F A T H E R O N L Y M Z A G M
D A Y A N D H O U R T R R H
C Y S B T N R S J C M Z K Z B A
Q C T F X P T F B N O D Y L A N
A N G E L S O F H E A V E N S G
V T K T H I E F A O F E A G U
L A L S U C H A N H O U R Z A L
```
123

124

```
A L K X J W L S I M C L C L N C
U M K B U R D L Y U A H O E M Q
C G A Q G Z E E R C I M A T N A
C L R I X X C W T H I L E T E I
J U K Y D I Z G F R N O S A S G
X W T Z A E H M F E D I A N E R
K L P A O W N E V A I M N D R T
D H I O S B K S S U A S D T R A
K R R T B U N U I T G K R I N B
S Z U G Q G N G K R C I N T R L
Z M L J R W H D F E H R O N T E
M V E J Z F T F B A E D I C S K
U C R M X S Z Z J R N E K U O I
Q N U F I L J S K V G D S B X N
V F A A Q R B U N A W A R E Z
O P E N I M M E D I A T E L Y P
```
124

125

```
G A B R I D E G R O O M L L P W J
X O L C V E R J Z U S O A D A G P G
A F O C F V D J D U K X P J O M R A N
D M T U E T F S E P M E V O P Z W Q
O Q Z V T M M J U M N N B R S Z B W
L U J U B A I Q E L T P S K S Z
V X M Q X C N D M I E O W H C H V
F O O L I S H D N M B G U V V O E
B K R I U D L U M J E S I T M Z W Q
G C X D G Y X U Y E G D Z P M B F N
D Y K S S H Y Z M T E H N W Q V H
T A R R I E D Y W B S T M R B
S M C D Z G E G X X E F H Y M E S N
E Q Q U H W T E N V I R G I N S
F I V E W I S E A N F Y M N A L
H V I K N O W Y O U N O T D L I L
G Q M S C B Q C B Q R V K C B V S L
K I N G D O M O F H E A V E N E J
```
125

126

```
E I A P C L O T H E D M E Z R O K A C G
C O M E I N G L O R Y X U E E O E I W
W C G T Q V N H G D S S X M C D N L
Q V N F K T P R I D R T H V E T C H N
U P R P Z R T H I R S T Y E N H E
X B S E P A R A T E X T F N P T D R A E
A C M H O L Y A N G E L S G F Z N O H W
B L E S S E D M P G F R A D I R E T H
L E A S T O F T H E S E G K K O W R N A
J C X T M Y D R I N K C H Y E N K X T
S B C E X J F S Z G V O W H X N E J Y K T
X M O C L T B M L A L L N A T I O N S N
D O S H E E P A N D G O A T S Q H B S A
G A T H E R E D A I R B I J H Q V J
Y W S L F O U N D A T I O N E U H R X E
G M N X L C K P J X M J M N C P V D
K K Y D W G T W R W S T R A N G E R V Z
V I X K T O O K M E I N T Z R V Y I G C Q
H L P E L O V P O D J K K I L H F M G S
```
126

127

```
S C T Y V H U B C K W B U S H T
K B E T H A N Y F I H W Q G Z H
O N R B Q N B P P W O A P O D I
M O F V I V Z E M F L S R O P S
W Y Z B U R I A L L W E A W S
G I W U B W L D D F O J C O D D
X Y T O F Q X Q Y Y R L H R G R
N C P M Q B M L P R L V E K D E
J B B C H E M S X M U W U D G L
N P S O L D F O R M U C H A K P
C E P O O R A L W A Y S O U S J
A S S I M O N T H E L E P E R Y
N G I V E N T O T H E P O O R Y
P R E C I O U S O I N T M E N T
O N A L A B A S T E R B O X T E
```
127

128

```
H I V M U Y N S Z N Y B N F I
H Y X F K Y E H O B X E D Y H
G C L C T E P F Z Q T T E O T
I T H U J H O R F J A R X U O
M J F O T D H H F S F A C H T
E I C Y H U M X A V R S D F C
Y E Y T S I R F Z R V S D F C
U G I U A A O V A Z F A I S I
D R E D E H T W O T K C N A T
J S O R R O W F U L H C Q I Y
D U N L E A V E N E D A K K Z
D R V P C Z S F Q C L Q N F N
H V B R E A D L T Z J P A D Q
U V P A S S O V E R G S D U P
```
128

129

```
N F L B X S X X S I M R P E
S E U I R X G W Z V G I I U B
H O W Z O W T H Q M Q I S O L
E P S T K E X I K R K T E F E
D H M A E E W E Q N R X N F S
M P J I S M S W M B O A E S
O M Y J T C T D U X T J N E
R Y M R K X J A R O H L A D
M B T B L B E U M I B E I E
A O L Y G O R P V E N Q N D K
N D E A T O U F F N K X Q K
Y A Q A V E D Y K B T D B
R E M I S S I O N O F S I N R
B S A L R A X O F H O B A I L
G R A B I M L R T B R E A D B
```
129

130

```
J B F E O N E H O U R O F D N P Y H
J O E C G X L T S S L U L E W R R X
O W P D T T T F J P M X X V O A D U
B A N I A Q E L L I X V I P B N Y I
J T P S H L M L L R V I K N C Y S A Q
J C X O R B P W L I M U K T B O S M
H H R Y F T P R T P R T Q H O B E N Y
K W I R H Z A L J W E J O S I L W I T
E I D O E K T V N I W C F E F E U E
A T C W R B I Y K L R M H A P R W S
D H T F E J Z J E J O S I L L W I T Y
A M T U N Y N B U I Y Z Q H W W L
B E J L Y H U F Q N J E Q I W E L
F A A F D Z J Z G X Z X J H S A C K
L Q L E T T H I S C U P P A S S O K
B I B F I E X C E E D I N G M L F
B O B J G E T H S E M A N E V H X Y
N C L F M P G J W N D G A T H A N D
```
130

131

```
H F K M W G L O R I F I E D I
E Q K S H Q Z F Y H A K D A N
E Z U O E K N O W N M E A P Y
A D Q W S S I M P U R N L K
F H Q U K R I A E T F Q S J A
T O C P H P Z M V I H O O U M
E P N H U K W T V H T T O B E
R T G R E A T E R W O R K S
V X G F F R T A P Q Z E K E M
P D E J X K W O V P F G Z T K
D W E L L S I N M E K Z M I B
Q U L C X C S E E N H I M
X Z O I R H T B X C N H B O N
C X D O E S T H E W O R K S K
```
131

132

```
P E Y W Q P D I E X J G L H P M S E J Y
M D H M S X S E E S H I M N O T P Y Z C
Q H Z C A N N O T R E C E I V E L H V
I E H A K U A A J K M L Q E K R H V C
P I R Z A D Q H I K Q I L R I E I L V C
V L O O F O G Q K L M L U F O O T F B I
O P N V H U P H H S J A X O O T P P I T T
M E R B E S N N D E K P C S J M R P I O T
M Z N Y A B E C S E B H J C Q A T I E L
E K E J A O B W L V E Q E K H D K O W
J V O O U X G G Q A J A H W P M B U R H
Q S E A J F W X Y L M B J R O E D X E I
U X O M W R M S U S D E A M T M D E E
W F U W C K A T Y O K D R I A T M D E E
W O R L D R L G L V Y E Q O W S G M R G
C O M F O R T E R Q Z T F I W R G E R M
```
132

133

```
R J J C R M C R Z I E M W G N R P Z
H E E U O M J Q O I U X Q Q W X W R U
U O M I H M I T M D R P W J L T I
T T B E G U E Q L F M C L X T X N A
E L P O M H A R B A R G G Z H N G C X
A L U R R B A R U O O K J X G X E H
C F W H T A R W Z A O U T U D R O E
H G V I G G E A D I F U E A Z R R T
L C D U H R K C F C F H Y J I O H I
L T S W G R R C R C R C F H Y J I O H
T T Q L M X W Z U B U P L D P W S U
U H O L Y G H O S T T N C G X O E
N U Z N G M L C D E M G R R T U L D
G W L T H E S E T H I N G S T U L D
S I N M Y N A M E U J L E F S F D
B R I N G A L L T H I N G S L S E B
```
133

134

```
F O T X L N Q B A I I L Y U P
E M L T W L W R B B W J P W G
F Q G L U E W A I A Q I W I Z
Z G C I F X C H J W F W I T Z
U Z T T H H A C E H S G H H T
C L P S O X O H I T J V C E R
L H Y P C L U A N X N R A R U E
E I Z N W N M L W Q F A S E E
A L F L A G J K V W F Q F A O I
N L K A G J K V W F Q F A F O I
I Q H U S B A N D M A N O V
O V F T E H E D S Y O D R R E
O I M B E A R S F R U I T G
A P U R G E S Y Z Q B P H P N
A C P D I S C I P L E S J I N
```
134

135

```
M A Y B E F U L L O I J N Z C C
M W W W K P P X C W Q H U T Q H
C I M F N Q B M L I F N Y S H O
S O C L O V E A N D J O Y C C S
K I M T B I Y G D Q B E A E O N
E Z H M L H A A B I D E O I N N
Q B K L A E Y R F G C G D M T A
M O N Z Q N J T B Y Z S Z V F I
B T V S E M D L M O H V I F I R E
L O V E O N E A N O T H E R U
M L S E R V A N T S F I I E
Y Y Y Q K S S I F B X Y N E
M P D P E R F E C T E D X N L
U B U M V N Y V M L I A V Y D C P
U A A T R P N Z L V B Y X S U A
S V O P L O R D A I N E D C P A
```
135

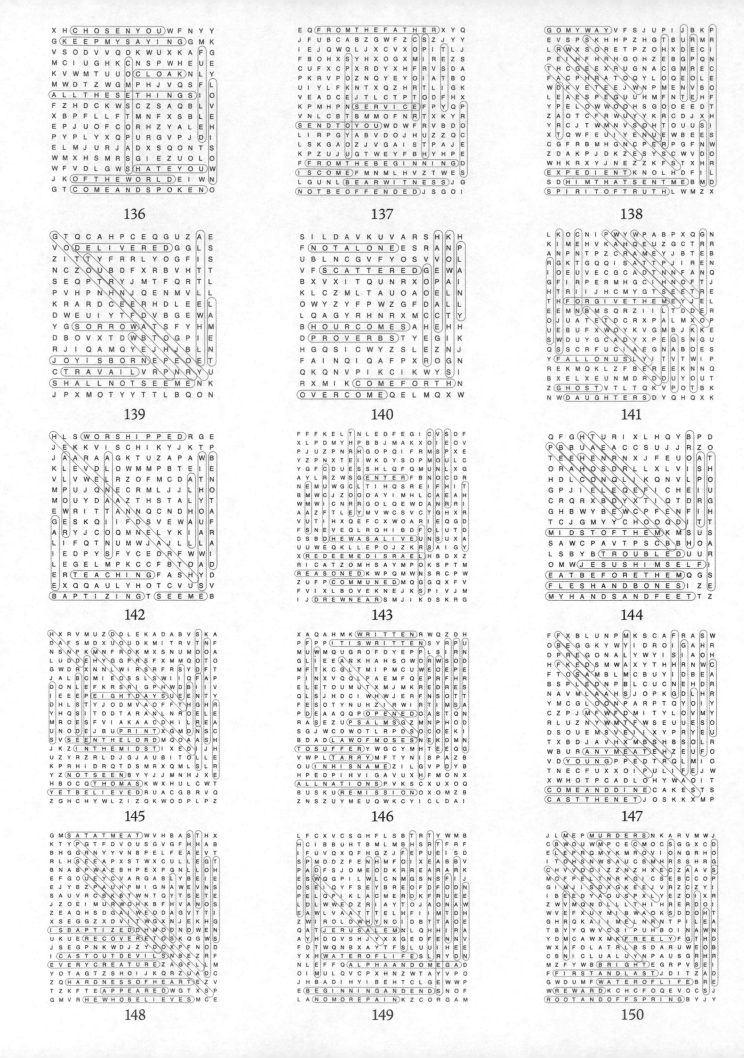